インフレにも負けない
最強の投資法

資産防衛なら預金よりも米国債を買いなさい！

中川浩

ダイヤモンド社

はじめに

2000万円の退職金が20年後には〝実質1346万円〟に！銀行に預けておくだけでいいの？

「インフレはいつまで続くのか？」
「物価が上がり続けると、老後のお金が足りなくなってしまうのではないか？」

退職を間近に控えた会社員の方や、すでにリタイアし、退職金の運用を考えている方の多くが、そんな不安を抱えておられることでしょう。

実際、このままインフレが続くと、退職金の将来の〝価値〟はどうなってしまうのでしょうか？

足元の物価上昇率は年2％。円安や資源高などの影響で、この先も物価は上がり続けるだろうというのが、経済アナリストたちの一般的な見立てです。日本銀行（日銀）も、年2％の上昇を「物価安定の目標」（インフレターゲット）としており、金融政策による物価コントロールも加わって、インフレが長期化、恒常化する可能性は高まっていると言えます。

物価が上がり続ければ、お金の価値はどんどん目減りします。

国の調査などによると、いま会社員が受け取っている退職金の相場は、大企業に勤める大卒男性で約2000万円、中小企業では約1000万円程度です。

仮に2000万円として、受け取った後、毎年2％ずつの物価上昇が続いた場合、20年後には退職金の〝実質的な価値〟が1346万円まで下がってしまうのです（詳しくは第1章で解説します）。

これが、インフレの本当の恐ろしさです。

「将来のお金の価値」がこんなにも減ってしまうということを知れば、何もしないわけにはいかなくなるのではないでしょうか？

日本では1990年代のバブル崩壊以降、30年近くにわたって〝デフレの時代〟が続きました。モノの値段が上がらず、むしろジリジリ下がっていたので、現金で持っていても、保有資産の価値を上げることができました。

しかし、そのトレンドは180度転換し、**いまでは現金（または預金）で持ち続けることが、資産価値を大きく目減りさせる原因**となっています。

インフレが長期化、恒常化する時代に資産を守るためには、少なくとも物価上昇率を上回るぐらいの利回りが得られるような資産運用を行う必要があります。

では、インフレに負けない資産運用を実践するには、どんな運用対象を選ぶのが望ましいのでしょうか？

わたしがお勧めするのは、**米国債、そして米ドル建て社債**です。

いずれも「債券」と呼ばれる有価証券の一種で、かつ米ドル建ての金融商品です。

と言っても、「名前ぐらいは聞いたことあるけれど、債券がどんな商品なのかわからない」とか「株と何が違うのか？」と質問したくなる方も多いかもしれません。

あまり知られていないのも無理はありません。

なぜなら、債券は証券会社で買えますが、株に比べるとあまりメジャーではなく、それほど積極的に勧める証券会社も多くないからです。

とりわけ、米国債や米ドル建て社債のような「外貨建て債券」は、証券会社の商品ラインナップのなかでも、地味な部類に入る金融商品です。スポーツにたとえると、株は野球やサッカーでしょうか。よく知られていて、経験者も多くいます。一方、外貨建て債券は、クリケットのような存在かもしれません。日本では経験者も少なく、あまり聞いたことがないが、とくに海外では人気が高いらしい、といったところでしょう（あくまで証券会社における商品としての位置付けです）。

外貨建て債券を〝商品棚〟の隅に追いやっている証券会社が多い理由は、たった1つ。「儲からない」からです。

それも、購入した投資家ではなく、自分たち（証券会社）がほとんど「儲からない」から売りたがらないのです。

というのも、株は短期売買する方が多いので、証券会社はその都度手数料を稼ぐことができますが、外貨建て債券はいったん買うと、5年、10年と長期保有することが前提ですので、売買に伴う収益が何度も期待できるものではありません。

証券会社は、相場によって頻繁な売買が期待できる株を勧めたほうが、より利益を上げる可能性が高くなるわけです。

では、証券会社が売りたがらない外貨建て債券は、投資家にとっても魅力に乏しい商品なのでしょうか？

そんなことはありません。

むしろ、**あまりリスクを取らず、インフレに負けない運用成果を得たいと考えている方々にとって、米国債や米ドル建て社債などは、とても理想にかなった金融商品**であると思っています。

そのため、わたしが会長を務めるＦＰＬ証券（札幌市）では、株式は一切扱っておらず、米国債、米ドル建て社債の取り扱いをメインとしています。

米国債と米ドル建て社債のメリットは、定期預金と同じように「将来の利回り」があらかじめ確定できること。そして、発行体（債券を発行する国や企業など）が破綻しなければ、元本と利息（クーポン）が確実に受け取れることです。

米国債は、その名のとおり米国（アメリカ合衆国）が発行する債券です。

世界一の経済大国で、軍事力も最強であるアメリカという国が破綻することは、まず考えられません。ですから米国債は、預金とほぼ遜色のない「安心感」をもって、確実な利回りが享受できる理想的な金融商品だと言えます。

一方、米ドル建て社債は、文字どおり、企業が米ドル建てで発行する債券のことです。通貨は米ドル建てですが、発行体は必ずしも米国企業とは限りません。たとえば日本の金融機関を含む民間企業などでも、米ドル建て社債を発行している企業はあります。

一般的に、民間企業と国家の信用リスクを比較した場合、民間企業のほうが信用リスクは高くなりますが、「世の中の変わらないニーズ」に支えられたビジネスを行っている企業であれば、リスクは極めて小さいと言えます。

また、一般に米ドル建て社債の利回りは米国債よりも高いことが多く、運用する資産の一部として持てば、より高い利回りが期待できます。

以上のように、**預金とあまり変わらない「安心感」を持っていることに加え、預金を大きく上回る利回りが期待できることも、米国債と米ドル建て社債の大きな魅力**だと言えるでしょう。

すべての米国債と、大部分の米ドル建て社債は、日銀のインフレターゲットである年2%を上回る利回りを実現しています。

つまり、**これらの債券を相当の割合で資産運用ポートフォリオに組み入れれば、物価上昇率を上回る運用成果を実現し、資産価値の目減りを防ぐことも不可能ではなくなるのです。**

こうした〝資産防衛上のメリット〟の大きさからも、米国債、米ドル建て社債はとても魅力的な金融商品なのです。

自己紹介が遅れましたが、わたしが経営するＦＰＬ証券は、北海道で57年ぶりに誕生した新しい証券会社です。２０１６年10月に証券会社としてスタートし、今年で8年目を迎えました。

北海道を拠点とはしていますが、お客さまは全国47都道府県のすべてにいらっしゃいます。２年ほど前から、YouTube（ユーチューブ）で米国債や米ドル建て社債の魅力について情報発信しており、全国のお客さまからのお問い合わせや、口座開設のお申し込みが急増しました。

「インフレに負けない運用成果を上げたい」

「でも、株式投資のように過分なリスクは取りたくない」


と考えていらっしゃる投資家の方が、いかに多いのかを改めて実感しています。

この本では、インフレ時代における資産防衛の大切さを知っていただくとともに、その手段として、米国債や米ドル建て社債をいかに活用するかについて徹底解説します。


インフレが長期化、恒常化すれば、年利が1％にも届かない定期預金（2024年8月現在）に預けていても、資産価値は目減りする一方です。

かといって、価格が急変動しやすい株式やFX、暗号資産などで運用すると、大事な資産を一気に失ってしまうかもしれません。

比較的安全、かつあらかじめ利回りを確定できる米国債、米ドル建て社債によって、インフレに負けない堅実な資産運用を皆さまが実現されることを願っております。

なお、対米ドルレートは、執筆期間中に乱高下したため、1米ドル150円をもとに円換算表記しています。ご了承ください。

目次

第1章

デフレからインフレ時代へ
銀行にお金を預けるだけでは危ない!?

第2章 堅実な資産運用を実現するにはどの金融商品を選ぶべきか？

株式、投資信託、外貨預金、ＦＸ…それぞれのメリット・デメリットを徹底比較！

第3章
米国債とは、どんな金融商品か？まずは基礎知識を学ぼう

第4章 円安だけど買っていいの？ 米国債のメリット・デメリットを徹底検証

第5章

堅実な運用に弾みを付ける米ドル建て社債の魅力とは？

第6章 米国債・米ドル建て社債を使った資産運用のケーススタディー

年代別・プラン別 米国債・米ドル建て社債を使った資産運用の具体例

米国債や米ドル建て社債を〝いいとこ取り〟で組み合わせた運用ポートフォリオの例

第1章

デフレからインフレ時代へ銀行にお金を預けるだけでは危ない!?

「インフレの進行とともにどんどん目減りする現預金の価値このままでいいの?」

円安、資源高の進行とともに物価高はこれからも続く

「いつの間に、こんなに値上がりしていたんだ?」

久しぶりにコンビニやスーパーに行くと、よく買っている食べ物やドリンクが思った以上に値上がりしていて、びっくりすることがあります。

ここ数年の日本の物価上昇率は、おおむね年2%程度で推移しており、インフレが着実に進行しているのは明らかです。

インフレは、日本だけでなく世界中で進行しています。年9%ものインフレにさらされた米国（2022年）や、年10%のEU（同）と比較すると、日本の物価上昇率は2%と比較的小さく、このことも、インフレに対する日本人の感覚を麻痺させている要因の1つだと言えそうです。

しかし、「ちりも積もれば山となる」との諺《ことわざ》もあるように、わずかな値上げでもジャブのように繰り返されると、モノやサービスの値段は、いつの間にか驚くほど上がってしまいます。

このように、**モノやサービスの値段がジワジワと上がり、気が付けば、以前は2つ買えたものが1つしか買えなくなる**のが、インフレの恐ろしいところなのです。

もちろん、物価とともに給与（所得）も上がれば、モノを買う力（購買力）が弱まることはありません。

しかし、厚生労働省から発表されている勤労統計調査によると日本の実質賃金（実際に受け取った賃金から、物価上昇分を除いた実質的な賃金）は、2022年が前年比マイナス2・3ポイント、2023年が同マイナス0・4ポイントと2年連続で減少。しかもマイナス幅は大きくなっており、物価上昇に賃金の上昇が追い付いていないどころか、置き去りにされている状況は明らかです。

つまり、**インフレは進んでいるのに、給与（所得）は思ったほど上がらず、日本人の購買力はどんどん弱くなっている**のです。

インフレを招いているのは、2022年2月に始まったロシアのウクライナ侵攻などに端を発する世界的な資源価格の上昇と、2022年以降、急激に進んだ「円安」です。

これらの〝合わせ技〟によって、日本が海外から輸入するモノの価格、とくに石油などエネルギーや穀物の価格が上昇し、さまざまな製品やガソリン、電気・ガスなどの値上げに結び付いているのです。

では、今後、資源高や円安などの要因が緩和され、インフレが鎮静化することはあるのでしょうか？

予測し難いところではありますが、かなり難しいかもしれません。

まず、資源価格については、ロシアのウクライナ侵攻が価格高騰を招く原因の１つとなったように、地政学リスクの高まりによって変動しやすい傾向があります。今日の世界情勢は、米中や米ロの対立に象徴されるように緊張状態に満たされています。一歩間違えると、地政学リスクが一気に高まりかねない状況が続いているので、もしそうなれば、資源価格も一気に高騰するかもしれません。

一方、円安はどうでしょうか？

２０２２年以降の円安は、米ドルと円の「金利差」が開いたことが主な原因であると言われてきました。

日本以上に急激なインフレが進行した米国では、中央銀行にあたるＦＲＢ（連邦準備制度理事会）が政策金利を大幅に引き上げ、「マイナス金利政策」を続けていた日本の政策金利との差は大きく開きました。その結果、相対的に金利の低い円を売り、より多くの利息が得られる米ドルを買う動きが進み、円安・米ドル高を招いたとされています。

このように、金利差が大きな原因であることは間違いありませんが、最近では「それだけではないのではないか？」という見方も出ています。

日本という国そのものの力が弱まっていることが、円売りを加速させる可能性につながっていると指摘されているのです。

貿易赤字の拡大に象徴される輸出力の低下や、少子高齢化の進展とともに膨らみ続ける〝国の借金〟が、日本経済の足腰を弱らせていることから、世界中の投資家が円を手放そうとしているのではないかという見立てです。

仮にそうだとすると、今後、米ドルと円の金利差が縮まったとしても、円安から円高へと転換する可能性は低いかもしれません。

そして、今後も資源高、円安が続けば、インフレも長期的かつ恒常的なトレンドとして継続することが考えられるわけです。

インフレが続くと現預金の価値はどんどん目減りしていく

では、インフレが今後も進んだ場合、資産を現預金だけで持っているとその価値はどうなってしまうのでしょうか？

仮に年２％ずつ物価が上昇すると、当然ながら、現預金の価値も約２％ずつ目減りします。

老後への蓄えとして2000万円の預金を持っていたとしても、普通預金金利がほぼ0％と考えると、1年後には約2％分（39万円）の価値が失われ、資産の〝実質的な価値〟は約1961万円に減ってしまうのです。

預金通帳に記録されている2000万円という残高は、あくまでも「名目」にすぎません。名目の預金残高が変わらなくても、物価が上昇すると「実質」の価値はどんどん減っていってしまうのです。

インフレが急激に進むようになってから、テレビやインターネットで、**「名目賃金」「実質賃金」**という言葉をよく目や耳にするようになった、と感じている方も多いと思います。

名目賃金とは、会社員などの労働者が実際に受け取った賃金のこと。実質賃金とは、名目賃金から物価上昇分を差し引いた〝実質的な賃金〟のことです。

日本の会社員の名目賃金は、2024年の春闘で5％台の賃上げを実現するなど、この1、2年で大きく上昇しました。

にもかかわらず、実質賃金は2024年5月まで26ヵ月連続でマイナスを記録す

【名目賃金と実質賃金】

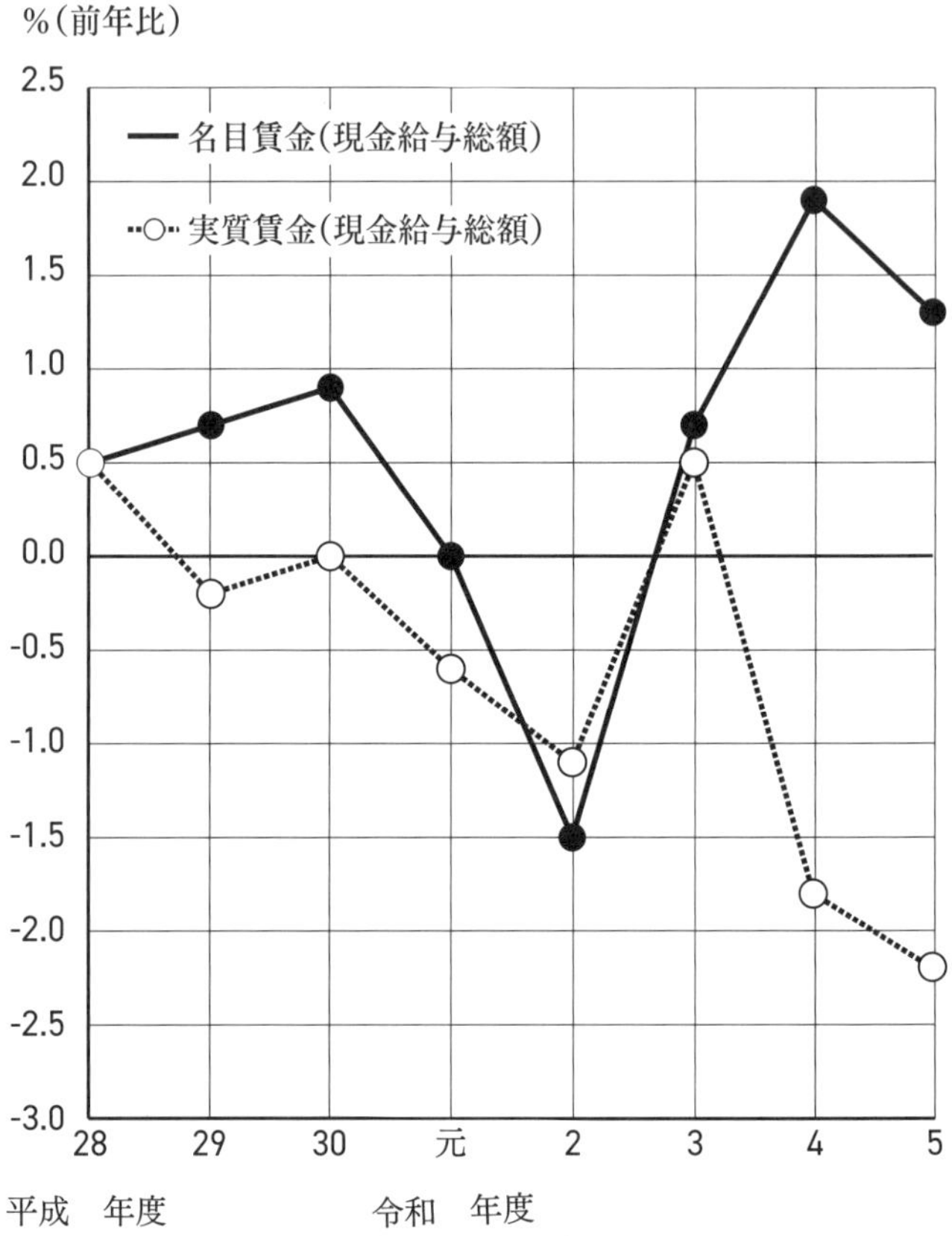

※厚生労働省　「毎月勤労統計調査
令和5年度分確報」より

るなど、目減りが続いています。

どんなに名目賃金が上がっても、物価がそれを上回る勢いで上昇すれば、〝実質的な賃金〟はどんどん減っていってしまうのです。

現預金についても、まったく同じです。

名目の残高は同じままでも、インフレが続く限り、毎年のように物価上昇分が差し引かれ、〝実質的な資産価値〟は、どんどん減ってしまいます。

年2％のインフレが続くと、2000万円の現預金の実質的な価値は、1年後には1961万円になり、2年後には1922万円、5年後には1811万円まで目減りしてしまうのです。

仮に60歳で2000万円の退職金を受け取り、80歳まで銀行に預けておいたとすると、**その20年間で〝実質的な価値〟は1346万円まで下がってしまいます。**

老後に受け取れる年金の補塡《ほてん》のためにと考え貯めてきた預金の価値が減ってしまうのでは、人生100年時代といわれるいま、「老後を生き抜いていけるのか？」と不安に感じる方も多いのではないでしょうか？

【年2%のインフレのなか、20年間預金した場合の推移】

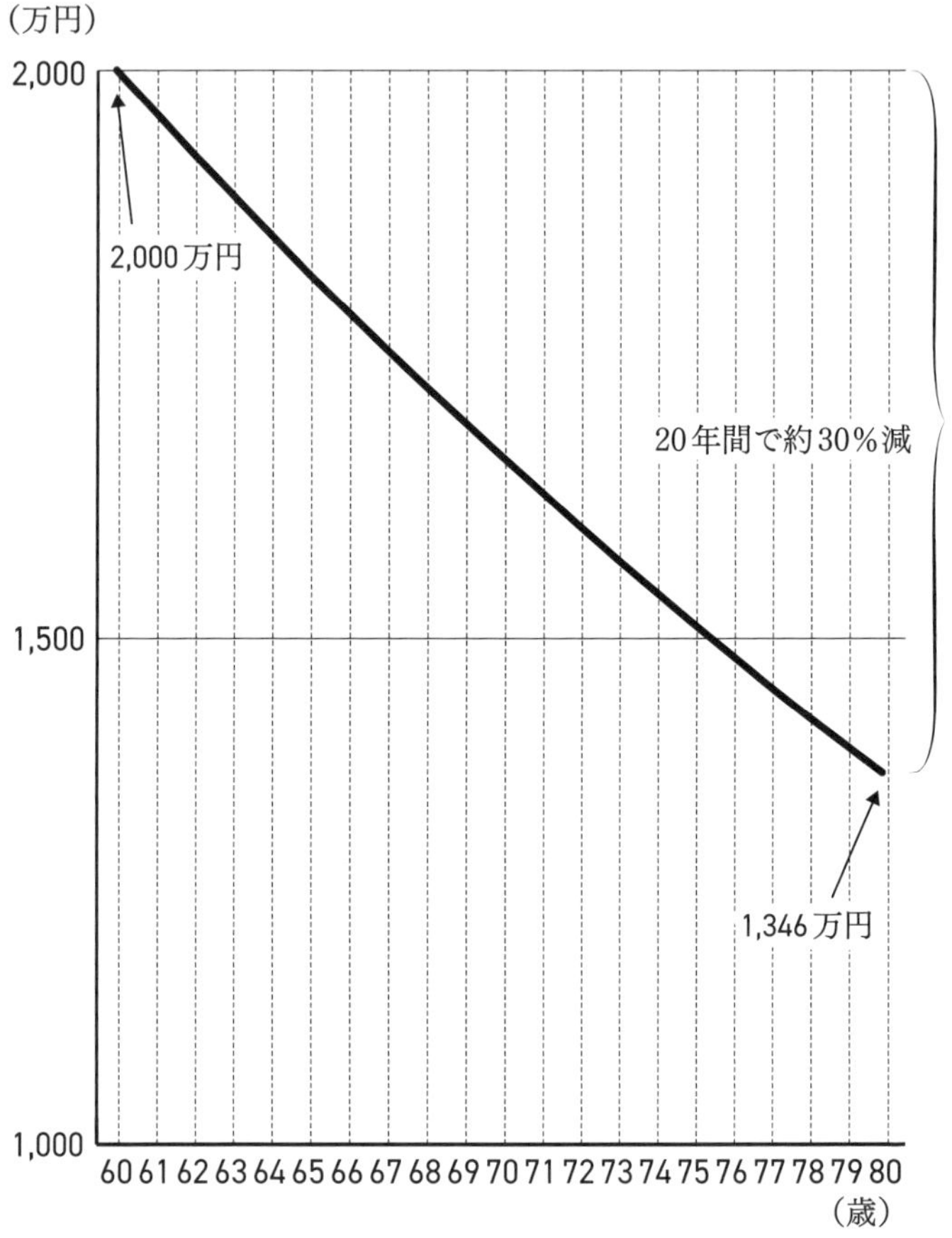

以上のように、銀行にお金を預けておくだけでは実質的な価値の目減りを防げないのであれば、どうすればいいのか？

少なくとも、インフレに負けない運用成果が期待できる資産運用を行うしか方法はありません。

年2％以上の利回りが見込める資産運用を考えよう

インフレに負けない資産運用とは、どんなものでしょうか？

ひと言で言えば、それは**「年2％以上の利回り」が見込める資産運用**です。

物価がどんなに上昇しても、資産の実質的な価値が目減りしないようにする方法はたった1つ。

インフレと同じか、それ以上のペースで資産の価値を増やすしかありません。

仮に今後も年2％程度のインフレが想定されるのであれば、それ以上の利回りが期待できる金融商品を購入するのです。

直近、日銀が短期金利を引き上げましたが、それでも**銀行の普通預金なら年0・1％、5年ものの定期預金でも、年0・2％程度の利息しか付きません**（2024年8月現在）。

これでは、預けたお金の価値がどんどん減ってしまうのも当然です。

日本の預金金利がこれほど低いのは、日銀が長きにわたって空前の低金利政策を取ってきたのが原因です。

デフレ対策のため、政策金利を低く抑え、消費や投資を促してインフレに誘導しようというのが、低金利政策の狙いでした。

いま、ようやく日本にもインフレの兆しが見え始め、日銀は2024年3月に「マイナス金利の解除」、7月には0・25％の追加利上げに踏み切りましたが、それでも空前の低金利状況が続いていることに変わりはありません。

そのうえ、日銀は物価動向や経済状況の判断、政策決定に極めて慎重なので、今後も政策金利の引き上げが一気に進むことは考えにくいと言えます。

そのため、銀行の預金金利もこの先、大幅に引き上げられることはあり得ないと考えるべきでしょう。

預金金利が年2％以上まで上がってくれれば、銀行に預けるだけでもインフレに負けない程度の利息が受け取れるわけですが、普通預金の金利（年0・1％）ならいまの20倍、定期預金（5年もので年0・2％）でも10倍引き上げなければならないのですから、あまり現実的ではないと言えそうです。

ちなみに最近、インターネット銀行をはじめとする一部の銀行が年1％程度の金利の円定期預金を提供しています。

年2％以上には足りないけれど、インフレによる資産価値の目減りを多少なりとも抑えられるということで人気を集めているようです。

ただし、「年1％」とうたっても、まるまる1年間預けられる商品は限られているようなので注意が必要です。一般に、こうした円預金は3ヵ月ものが多く、実際に受け取れる利息は、4分の1（3ヵ月÷12ヵ月）の0・25％程度になることが多いようです。

そのうえ税金を差し引かれるので、受け取れる利息はさらに少なくなります。仮に

1000万円を預けた場合、3ヵ月後に受け取れる利息は2万円程度です。

年2％のインフレが進めば、1000万円の預金が1年で実質約20万円目減りするのですから、この程度の利息をもらってもあまり意味がないということは、おわかりいただけるのではないでしょうか。

残念ながら、**いまの日本では、普通預金や定期預金など元本1000万円までと、その利息も保護される金融商品のなかで、金利が年2％以上付くものは見当たりません**（2024年8月現在、円建ての場合）。

つまり、インフレに負けない資産運用をするためには、預金以外の商品に投資をする以外に方法はないということです。

具体的には、株式や債券などの有価証券、金融商品以外では、投資用不動産や金（ゴールド）といったところでしょうか。

もちろん、これらの金融商品や投資商品は、市場（マーケット）で取引されるものばかりなので、価格の変動や、発行する国・企業の破綻など、さまざまなリスクを伴います。

預貯金のように一定金額までは元利金が保護される商品ではないので、インフレに負けない利回りを期待できる半面、何らかの事態によって資産価値が一気に減ってしまう可能性もあるわけです。

ただし、**商品によっては、リスクを極力抑えながら、インフレを上回るリターン（利回り）が期待できるものもあります。**

大切なのは、商品ごとのリターンやリスクの大きさを見極めながら、なるべく安全で、少なくとも資産価値を目減りさせない程度の利回りが見込める金融商品や投資商品を選ぶことです。

預金だけでは資産は守れない！インフレ時代の資産運用3つの〝新常識〟

いまこそ「貯蓄から投資へ」発想と行動を転換して〝不安のない、豊かな老後〟を

「貯蓄から投資へ」

テレビやインターネットで何度も繰り返されているフレーズなので、目や耳にしたことがある方も多いと思います。

そもそもこの言葉は、２００１年に発足した小泉純一郎内閣が「骨太の方針」で最

初に打ち出したものなので、登場してからすでに四半世紀近くが経過しています。

経済が成熟化し、成長力が失われた日本では、国民の個人所得も思うように伸びません。一方、高齢化の急速な進展によって、年金や健康保険などの社会保障費は膨らむ一方であり、税収だけでは到底賄い切れず、〝国の借金〟(国債の発行残高など)も膨らむばかりです。

このように、国民を支える国の財政が悪化していくなか、年金などの社会保障のみに頼らず将来必要となるお金は自ら賄えるように

「預金だけに頼るのではなく、投資で資産を増やしましょう」

と、国は20年以上も前から呼び掛けてきたわけです。

ただし、この政府の呼び掛けが国民にどれだけ響いているかというと、あまり大きな影響があったとは言えません。

日銀が公表している2024年3月末の**日本の家計の金融資産構成は、現金・預金が全体の約51%、保険・年金・定型保証が約25%、株式等と投資信託が合わせて約20%で、現金・預金が過半数を占める状況は2000年代と変わっていない**のです。いかに「貯蓄から投資へ」のシフトが進んでいないのかを物語っています。

ちなみに、米国は現金・預金が約12%に対し、株式等と投資信託が約53%と、日本

【家計の金融資産構成】

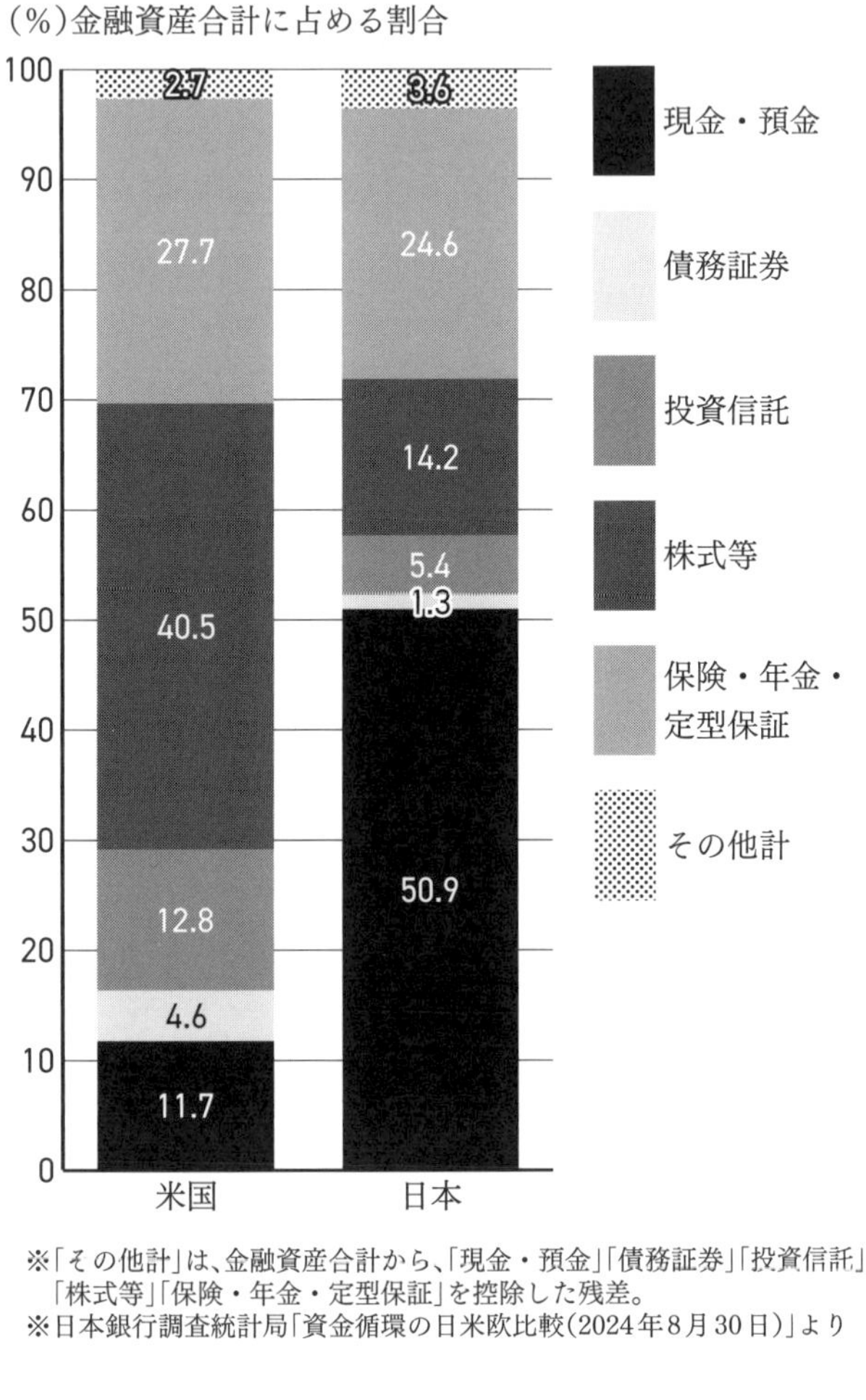

※「その他計」は、金融資産合計から、「現金・預金」「債務証券」「投資信託」「株式等」「保険・年金・定型保証」を控除した残差。
※日本銀行調査統計局「資金循環の日米欧比較(2024年8月30日)」より

とはまったく逆の状況となっています。

そのせいもあってか、日本と米国では、この20年の金融資産の増え方に大きな開きがあります。

日本の個人金融資産は２０２４年３月末時点で２１９９兆円と、20年前に比べて約１・５倍に増えました。この間、リーマンショック（２００８年９月）によって株式相場が一時急落したものの、その後の「アベノミクス」（２０１２年12月〜）などによって株価は徐々に回復し、２０２４年２月には日経平均がようやくバブル後最高値を付け、翌３月に初の「４万円台」に乗せたことは記憶に新しいでしょう。

一方、米国の個人金融資産は、同じ20年間で約３・５倍にも増えています。

この開きは、日米の相場の違いもさることながら、金融資産構成の違いも大きな要因だと考えられます。

現預金よりも投資の割合が高いことが、米国民の個人資産を大きく膨らませることに貢献したのです。

ご承知のように、米国ではロシアのウクライナ侵攻以降、日本を大きく上回る年９％ものインフレとなった時期を経験しています。

その結果、生活コストの上昇に苦しんでいる米国民も少なくないとは思いますが、積極的に投資をしてきた方たちは、むしろ資産を大きく増やしているはずです。

念のために付け加えておきますが、わたしは、「日本人も株式投資をして、資産をもっと大きく増やしましょう」と提案しているわけではありません。

わたしが皆さまに強くお勧めしているのは、あくまでも「インフレに負けない資産運用」です。具体的には、株式よりも価格変動リスクが相対的に低く、年2%以上のリターンが期待できる米国債や、米ドル建て社債の購入を提案しています。

発行体（債券を発行する国・企業など）が破綻しない限り償還時には必ず額面金額が支払われますし、あらかじめ決められた利息が定期的に支払われますので、購入した時点で利回りを確定（米ドルベース）することができます。債券は、株式に比べると大きな値上がりは期待できませんが、その分、株式よりもリスクが低い金融商品になります。

ただし、株式より低いとはいえ、債券にもリスクは存在します。

預貯金のように、一定金額までは元利金が保護されている金融商品とは異なるので、購入するにあたっては、「貯蓄から投資へ」と一歩踏み出す必要があるのです。

日本では、1990年代初頭のバブル崩壊で株式相場が大暴落し、多くの個人投資家の方が大損失を被りました。

そのトラウマもあって、投資は「怖い」「大損する」というマイナスイメージが国民の間で定着してしまったのでしょう。

とはいえ、インフレが今後継続していくとなると、預貯金だけでは、資産価値がどんどん目減りしてしまうことは目に見えています。

大切な資産を守るために、「貯蓄から投資へ」と踏み出すタイミングがやってきているのではないでしょうか。


ちなみに、わたしは米国債や米ドル建て社債について、

「預金以上株式未満」

という言葉で表現しています。

預金のように元利金は保護されないものの、預金以上のリターンが期待できること。株式ほど大きなリターンは期待できないけれど、株式よりもリスクが低いこと。

この2つのメリットをひと言で表す「預金以上株式未満」という言葉で、お客さまに米国債や米ドル建て社債の魅力を説明しています。

インフレに勝つためには、物価上昇率を上回るリターンが高い確率で期待できる金融商品を買うべきなのは言うまでもありませんが、あまりにもリターンが高すぎる商品だと、価格の暴落や発行体の破綻によって、大事な資産が一気に減ってしまう可能性も高くなります。それでは元も子もありません。

インフレ時代において、「貯蓄から投資へ」と発想や行動を転換することは非常に大切ですが、だからといって過分にリスクを取るのは禁物だということです。

大切な資産の価値を守り、〝不安のない、豊かな老後〟を手に入れるためには、リスクとリターンのバランスがよい金融商品を選ぶことが不可欠。

その点、「預金以上株式未満」の米国債や米ドル建て社債は、バランスが程よく取れた金融商品だと言えます。

さらなる「円安」に備えて米ドル建て資産を持つ

ところで、わたしが米国債や米ドル建て社債の購入をお勧めするのには、通貨を分散していただきたいという狙いもあります。

冒頭で述べたように、「円安」は今後、長期化する可能性が高いと言えます。

資産の一部として米ドルを保有しておくと、円安が進むにつれ、為替差益が生じて資産価値が増えていくのです。

米国債や米ドル建て社債は現在、年利回りが3%以上のものが多く、それだけでもインフレを上回るリターンが期待できますが、為替差益が上乗せされることで、収益幅はさらに大きくなります。

インフレの大きな要因の1つが「円安」なのですから、それをヘッジするために米ドル建ての資産を保有しておくというのは、資産運用のセオリーにもかなっていると言えます。

米ドルは世界で最も発行量の多い基軸通貨であり、世界の貿易決済や金融取引の大部分が米ドル建てで行われるなど信認や利便性も高いので、安心感のある通貨に換えて資産を持っておくことも、資産防衛の重要なポイントだと言えます。

ただし、今後、為替のトレンドが大きく転換し、「円安」から「円高」方向へと進んだ場合は、為替差損によってトータルリターンが減る可能性があることは付け加えておきます。

仮にそうなった場合でも、1米ドル55円以下にならない限り、円ベースでの元本割れを防げる米国債もあります（2024年8月14日現在）。

3つの〝新常識〟でインフレに負けない資産運用を

ここまで書いてきたことをまとめると、次の3つのポイントに集約することができます。この3つは、インフレに負けない資産運用を実践するための〝新常識〟と言ってもよいでしょう。

新常識① 預金だけに頼ってはいけない
新常識② 過分なリスクは避ける
新常識③ 米ドル建て資産を持つ

金融資産のおよそ半分を現預金で持つ日本人にとって、「預金だけに頼らない」という新常識を受け入れるのは、勇気が要るかもしれません。

しかし、それではインフレを上回るリターンを確保し、資産価値を維持していくのはかなり難しいと言えます。

米国債や米ドル建て社債は、預金ほどではないにせよ、リスクが低い金融商品です。元本割れリスクを恐れて投資をためらっているのであれば、そのリスクが極めて低い投資商品も存在することを、ぜひ知っていただきたいと思います。

また、「せっかく投資をするのなら、ある程度リスクを取って、高いリターンを追求したい」という方も、少なからずいらっしゃるものです。

もちろん、そうした投資をまったく否定するつもりはありませんが、投資の目的が「インフレに負けない運用」であれば、過分なリスクは取らないことをお勧めします。

なぜなら、**どんなに大きなリターンを得たとしても、１９９０年代のバブル崩壊や、２００８年のリーマンショックのような大暴落が発生すると、積み上げた利益が一瞬にして消し飛んでしまう可能性があるから**です。

ちなみにＦＰＬ証券では、株式は一切扱っておらず、米国債と米ドル建て社債をメインに取り扱っています。それは、お客さまに過分なリスクを取っていただきたくないという思いがあるからです。

「貯蓄から投資へ」の動きを加速させるため、国は2024年1月に「新ＮＩＳＡ」をスタートさせました。

これを機に、いままで株式投資をしたことのない方々がＮＩＳＡ口座を開き、個別株や投資信託を買う動きが広がっているようです。

新ＮＩＳＡがきっかけとなって、投資のすそ野が広がるのはよいことですが、一方でわたしは、多くの国民の方々がせっかくの資産を減らすことになってしまうのではないかと心配しています。

なぜなら、新ＮＩＳＡは配当金や売買益等が非課税になる制度であり、株式や投資信託の運用益が約束されているものではないのですが、新ＮＩＳＡを利用して投資すると「必ず儲かる！」といった誤った認識の方が多いように感じているからです。

その点、米国債や米ドル建て社債は、その発行体が破綻などしない限り、満期償還まで持ち続けることで、あらかじめ約束されたリターンが確実に得られるので、株式のように相場や株価をにらみながら売買する必要はありません。

株式に比べてリスクが低いだけでなく、投資初心者でも安心して始められる点が大きな魅力だと言えます。


米ドル建ての資産を持つことのメリットは、先ほども述べたとおりです。

金融資産のおよそ半分を現預金で持っているということは、少なくとも半分が円資産です。

加えて、保険やマイホームなど他の資産も円建てで保有している場合、ポートフォリオの大半が円資産となります。

これでは、あまりにもバランスがよくありません。

資産に占める円貨と外貨の適切な割合は、資産規模や外貨の利用頻度によっても異なるので、どれくらいがいいという正解はありませんが、1つの通貨にあまりにも偏りすぎるのは避けたいところです。

米国債や米ドル建て社債を購入すれば、ポートフォリオに米ドル資産を追加することになるので、おのずと通貨分散の効果が得られます。

あまり考えたくはありませんが、仮にこの先、日本でハイパーインフレなどが起こって円が大暴落しても、米ドル建て資産を持っていれば、すべてを失ってしまうリスクを回避することもできるわけです。

以上の3つの〝新常識〟を踏まえた資産運用を心掛ければ、大切な資産を大きく減らすことなく、インフレを上回るリターンを追求し続けることができるはずです。

欧州の富裕層は資産の大半を債券で運用している

じつは、これら3つの〝新常識〟は、スイスのプライベートバンクから学んだものです。

わたしは証券会社を設立する前、欧州の富裕層たちがどのような資産運用を行っているのかを知るため、スイスへ勉強に行きました。

スイスのプライベートバンクは、欧州の富裕層たちから膨大な資産を預かり、運用を行っています。彼らの運用ノウハウを知れば、日本の皆さまの資産運用にも役立つのではないかと考え、学ばせていただくことにしたのです。

驚いたのは、彼らの資産運用ポートフォリオの大部分が、米国債などの債券で占められていたことです。

われわれには想像がつかないほど莫大な資産を持っている富裕層たちですから、さぞかし運用利回りの高い投資商品、たとえば将来有望なプライベートエクイティ（未公開株）や、新興国の不動産開発、インフラプロジェクトなどに多額の資金を投入しているのかと思ったところ、意外や意外、投資商品のなかでも非常に堅実な債券を中心にポートフォリオが構成されていたのです。

この事実は、非常に大きな示唆をわたしに与えてくれました。

すでに莫大な資産を持っている欧州の富裕層には、「リスクを取って、資産をもっと大きく増やそう」という発想はありません。

それよりも、いまある資産をいかに減らすことなく、手堅く増やしていくかということが、先祖代々、数百年にわたって資産を継承し続けてきた彼らの関心事なのです。

わたしは、この欧州の富裕層たちの考え方に共鳴し、日本の皆さまにも同じような投資の機会を提供させていただくため、FPL証券を設立しました。

証券会社ではありますが、株式は一切扱わず、スイスのプライベートバンクが富裕層のために債券中心で運用しているように、米国債や米ドル建て社債を日本の皆さまに提供しています。

わたしは、投資のスタイルは大きく「米国型」と「欧州型」の2種類に分けられると考えています。

「米国型」とは、積極的にリスクを取って、より大きなリターンを得ようとする攻撃的な投資スタイルです。金融資産の半分を株式と投資信託が占めていることが、米国民の投資に対するアグレッシブさを象徴していると言えるでしょう。

これに対し「欧州型」とは、リスクは極力抑え、堅実に資産を増やそうとする投資スタイルです。このスタイルの場合、大きなリターンが得られる機会は少ないものの、国際情勢の不安定化や金融の大混乱などによって資産を大きく減らすリスクは低減できます。

有史以来、数え切れないほどの戦争や恐慌を経験してきた欧州の人々だからこそ、

【米国型・欧州型の投資スタイルの違い】

	米国型	欧州型
リスク	高い	やや低い
リターン	高い	インフレに負けないリターンを目指す
金融商品の種類	株式・投資信託が多い	債券が中心

こうした堅実な資産運用が定着したのでしょう。

わたしは、**日本の皆さまにも馴染みやすい投資スタイルは、「米国型」よりも「欧州型」ではないかと思っています。**

もちろん、アグレッシブな投資を志向する方が少なからずいらっしゃることは否定しませんが、「手堅く資産を守り、かつインフレに負けない運用成果を得たい」という方には、「欧州型」の投資をお勧めします。

とはいえ、金融商品や投資商品には数多くの種類があるので、「本当に米国債や米ドル建て社債を購入するだけでいいの？」と疑問に感じる方もいらっしゃることでしょう。

そこで次の章では、主な金融商品や投資商品のメリット・デメリットについて徹底比較します。

第 2 章

堅実な
資産運用を
実現するには
どの金融商品を
選ぶべきか？

株式、投資信託、外貨預金、FX…それぞれのメリット・デメリットを徹底比較！

リターンとリスクの大きさは表裏一体
金融商品ごとに一長一短がある

ひと口に金融商品と言っても、その種類はさまざまです。
「投資」と聞いて、まったく経験のない方が真っ先に思い浮かべるのは、株式や投資信託ではないでしょうか。

これ以外にも、銀行が提供する外貨預金や、海外の通貨を売買するFX（外国為替証拠金取引）、ビットコインをはじめとする暗号資産（仮想通貨）など、いったいどれだけあるのかと思うほど、世の中には金融商品があふれています。

「インフレに勝つために、堅実な投資を始めたい」

と思ってはみたものの、ひとまずどんな金融商品を選んだらよいのかと、迷ってしまう方もいらっしゃることでしょう。

そこでこの章では、主な金融商品の仕組みと、それぞれのメリット・デメリットについてわかりやすく解説します。

株式投資

企業の成長に期待して資金を提供する

まずは「株式投資」です。

株式とは、企業が事業拡大等のための資金調達を目的として出資を募り発行する有価証券のことです。

たとえば製造業であれば、工場を建てたり、新しい機械を買ったりする資金を広く集めるために株式を発行し、サービス業であれば、店舗数を増やしたり、新しいサービスを始めたりする資金を得るために株式を発行します。
投資家は、その株を買うことによって企業に資金を提供し、出資者（株主）の１人となるわけです。
株主になると、その企業の株主総会に参加して、社長を含む役員の選任といった重要な議決に投票できるようになります。

また株主は、企業が事業で稼いだ利益の大きさに応じて、配当を受け取ることもできます。株主が提供した資金で事業を拡大した結果、利益が大きくなれば、その一部が配当として株主にも還元されるわけです。
企業が成長すればするほど、株主に還元される配当の金額も大きくなるのが一般的です。

株式投資によって得られる利益には、こうした配当（インカムゲイン）と、売買益（キャピタルゲイン）の2種類があります。

売買益とは、株を買ったときの価格（株価）と、売ったときの価格の差のことです。

1株1000円で買った株が、1500円に値上がりしたタイミングで売却すれば、500円の売買益が得られます。

株価が上がるのは、その企業に対する「成長期待」が大きいからです。成長力が高いと見込まれた企業の株は人気化するので、より多くの投資家が買い求めるようになり、株価がどんどん吊り上がっていきます。

人気が爆発すると、株価が2倍、3倍となることも珍しくありません。

最近の象徴的な例が、米国に株式上場する半導体企業のエヌビディアでしょう。同社の株価は2024年6月には一時140・76米ドルを記録。世界的なIT企業であるマイクロソフトを追い抜き、時価総額で世界トップまで上り詰めました。

コロナショック前の2019年末頃から上昇が始まってきたようですが、2023年に入ってからの一段の上昇は、世界的な「生成AIブーム」に後押しされたものです。エヌビディアは、生成AIを動かすのに欠かせない超高性能半導体で圧倒的なシェアを握っており、将来性抜群だということで、世界中の投資家の「買い」が殺到したのでしょう。

もし、2020年1月2日の終値で10株購入したとすると投資金額は約2400米ドルでしたが、2024年6月の株式数は分割もあり40倍の400株になっています。この月の高値時で評価すると約5万6300米ドルとなり、わずか4年半ほどで投資金額が23倍にも膨らんだことになります。このように株式は、一度人気化すると、キャピタルゲインが大きく膨らむことがあります。

「インフレを上回る」ばかりか、それをはるかにしのぐリターンが短期間で得られる可能性もあるわけです。

ただし、これは株式投資のメリットであると同時に、裏返せば大きなデメリットでもあると言えます。

人気がある銘柄の株価がどんどん膨らむ一方で、人気のない銘柄はどんどん売られ、値が下がってしまうリスクも兼ね備えているのです。

「上がるだろう」と思って買ってみたものの、予想に反して株価が大きく下落してしまうことも、決して珍しくありません。

いまはどんなに株価が好調でも、期待していたほど売上高や利益が伸びないと、「見掛け倒しだった」と失望され、手のひら返しで売り浴びせられてしまうケースもよくあることです。

上がることもあれば、下がることもある——。そして、誰もその未来を正確に言い当てられないのが、株式投資の大きなリスクなのです。

事実、どんなに優秀な証券アナリスト（企業価値分析の専門家）でも、10人に意見を求めると、同じ企業の株価でも「上がる」と言う方もいれば、「下がる」と言う方もいるといったように、個別銘柄の株価見通しはバラバラに分かれます。未来の株価を完全に見通すことは誰にもできないわけです。

ましてや、これから投資を始める、株にまったく触れたことのない方が、株価の行方を予想するというのは相当ハードルが高いと言えるでしょう。

いずれにせよ、株式投資のリスクは、「将来が予想できない」というひと言に集約できます。

投資した企業は期待どおりに成長するのか？　それとも期待を裏切るのか？　前者であれば、株価が上がる可能性は高まりますが、後者であれば株価は下がり、最悪の場合、業績不振で会社そのものが潰れ、投資したお金が戻ってこなくなることもあります。つまり、株券が「ただの紙くず」になってしまうのです。

どちらに転ぶのかは、企業の実力だけでなく、その企業を取り巻く外部環境や市場ニーズの変化によって決まってくるので、なおさら予想がつきません。

もちろん、だからと言って、株式投資そのものを否定しているわけではありません。予想に反して「価格が下落することもある」というリスクを十分認識し、生活に支障を来さない余裕資金の範囲内で投資を行う場合は問題ないと思います。

投資信託

組み入れられている投資対象をしっかりチェックする

将来、価格が上がるのか、下がるのか予想できないのが、株式投資のデメリットであるという話をしました。

そのデメリットを抑える金融商品として提供されているのが「投資信託」です。

投資初心者向きの商品として、銀行や証券会社などが積極的にセールスしているので、すでにご存じの方も多いかもしれません。

ひと言で言うと、投資信託とは、運用のプロ（ファンドマネージャー）にお金を預けて、自分の代わりに運用してもらう金融商品です。
ファンドマネージャーは多数の投資家から集めたお金で、株式や債券などを購入します。その売買益（キャピタルゲイン）や配当（インカムゲイン）によって、預かったお金を増やし、投資家に還元する仕組みです。

株式を中心に投資するタイプの投資信託を「株式型」、債券を中心とするものを「債券型」と言います。

また、同じ株式型でも、国内株を中心に投資するものは「国内株式型」、海外株を中心とするものは「海外株式型」と言います。同様に、債券型にも「国内債券型」と「海外債券型」があります。
このほか、投資信託の仲間には、住宅・オフィスビル・商業施設などの不動産を投資対象とする「不動産ファンド」や、金（ゴールド）・石油などの商品（コモディティ）を投資対象とする「商品ファンド」もあります。

また、これらのなかには、上場投資信託（ETF、イーティーエフ）、不動産投資信託（REIT、リート）として東京証券取引所に上場しているものもあります。

なぜ、投資信託が「初心者向き」とされているのかというと、少額から投資が可能なことや、分散投資の効果を得やすいことがあげられます。

たとえば、株式型の投資信託の場合、ファンドマネージャーは投資家から集めたお金で複数の株式銘柄を取得します。数十銘柄を組み入れる投資信託もあれば、組み入れ銘柄数が数百に及ぶものもあります。

組み入れられた銘柄は、すべて同じように値が動くわけではなく、上がるものもあれば、下がるものもあります。

仮にいくつかの銘柄の株価が下がっても、ほかの銘柄の株価が上がれば、値下がり分を穴埋めすることができます。その結果、1つの銘柄だけを買うよりも価格変動リスクが抑えられるというわけです。

そのうえ、複数の銘柄に投資をすれば、仮に1つの銘柄（企業）が潰れたとしても、投資したお金が返ってこなくなることはありません。ほかの銘柄が残っているからです。

投資の世界には、**「卵は1つのカゴに盛るな」**という格言があります。

1つのカゴに10個の卵を入れて、カゴを落としてしまうと、卵はすべて割れてしまいます。ところが、10個のカゴを用意して、それぞれに卵を1個ずつ入れれば、どれか1つのカゴを落としても、残り9個の卵は割れずに済みます。

お金を1つの銘柄（カゴ）に集中するのではなく、10銘柄に分散すれば、たとえ1つが潰れても、残りの9銘柄分のお金は残るということです。

これは、「分散投資」という考え方です。

株式型の投資信託は、数十銘柄、数百銘柄の株式に資金を分散投資するので、価格変動リスクだけでなく、銘柄の信用リスク（倒産などによって株式の価値がなくなるリスク）も、かなり抑えられるわけです。

ちなみに、分散投資には、右のような「銘柄」の分散のほかに、「時間」や「地域」を分散させる方法もあります。

「時間」の分散とは、同じ銘柄でも、少しずつ購入するタイミングをずらして、購入

価格を平準化する方法です。

たとえば、同じ銘柄を、株価が1000円のとき、900円のとき、1200円のときに同じ株数ずつ買ったとすると、平均取得単価は1株あたり1033円となります。

株は、なるべく安いタイミングで買ったほうが、値上がりしたときの利幅（売買益）が大きくなるので、本当なら900円のときにまとめて買ったほうがお得だったと言えます。

けれども、「いまが本当に安いのか？　それとも高いのか？」というのは、その時点では、なかなか判断がつきません。

そこで、同じ銘柄を一度にまとめて購入するのではなく、一定株数ずつ（少額ずつ）、時間をずらして購入するのです。

その結果、900円よりは高いけれど、1200円よりは安い平均取得単価（1033円）で、まとまった株数の銘柄を取得できるようになります。

この時間分散を応用したのが、積立型投資信託という商品です。

毎月一定額ずつ、同じ投資信託を購入していくことで、購入価格を平準化することにより、売買益を大きくする効果が期待できます。

なお、詳しくは第3章で述べますが、FPL証券には、米国債を毎月1万円以上からの積み立てで購入できるサービスがあります。

これも、時間分散によって購入コストを平準化しながら米国債をコツコツ購入できる仕組みとして開発したものです。

このような積立型の金融商品は、月々1万円以上といった少額からでも投資を始められることも大きなメリットでしょう。


もう1つの**「地域」の分散とは、文字どおり、投資対象の地域を分散させること**です。世界では、あちこちで戦争や政情不安が渦巻いています。また、経済状況や社会情勢も、国・地域によって大きく異なります。

限定された地域の株式や債券だけに投資すると、その地域の地政学リスクや経済的なリスクに影響されて、運用成果が下がる可能性もあります。

そうしたリスクを回避するため、なるべく地域を分散させて投資をするほうが望ましいのです。

先ほども述べたように、投資信託は「国内株式型」「海外株式型」「国内債券型」「海外債券型」といったように、投資対象のエリアごとに種類が分けられています。

同じ海外型でも、エリアを先進国に絞り込んだもの、新興国に絞り込んだものなど細分化されているので、リスク・リターンの大きさを見比べながら、なるべく地域分散効果の高い商品を選びたいものです。

一般的には、経済や社会が成熟している先進国のほうが、リスク・リターンは低く、経済成長が著しい新興国のほうがリスク・リターンは高い傾向があります。つまり後者のほうが、値上がり期待は大きい半面、投入した資金が大きく減るリスクも高いということです。

また、エリアだけでなく、どんな個別銘柄を組み入れているのかも慎重に見極めるべきでしょう。

株式型の場合、大型株（大手企業）を中心に組み入れているものより、中小型株（ベンチャー企業など）が中心のもののほうがリスク・リターンは大きく、債券型は信用度が高い高格付けの債券を中心とするものより、低格付けの債券を中心とする投資信託のほうが、よりハイリスク・ハイリターンです。

以上のように、**ひと口に投資信託と言っても、どの地域の、どんな投資対象を組み入れているのかによって、リスク・リターンの大きさが異なる**点に注意しましょう。

外貨預金　預金保険制度の対象外である点に注意

外貨の金融商品と言えば、真っ先に浮かぶものの1つが「外貨預金」です。メガバンクやインターネット銀行など、さまざまな銀行が提供しています。預けられる通貨の種類や金利は、銀行によってまちまちです。

たとえば、あるインターネット銀行は、米ドル、ユーロ、英ポンドのほか、オーストラリアドル、ニュージーランドドル、カナダドル、スイスフラン、香港ドル、ブラジルレアル、中国人民元、南アフリカランド、スウェーデンクローナと、12種類の外貨預金を用意しています。

また、金利は米ドルの1ヵ月もの定期預金で年2・5%、3ヵ月もので年3・5%、1年もので年3・8%と、預入期間によって異なります（2024年9月時点）。

年2％以上の金利が付くのであれば、インフレに負けない運用成果は期待できそうです。

ただし、外貨預金を始めるにあたっては、いくつかの留意点があります。

まず、**外貨預金は一般の預金（円預金）と違って、預金保険制度の対象には含まれていません。**

預金保険制度とは、万が一、金融機関が破綻した場合に、預金者1人あたり1000万円までの元本とその利息等が保護される制度です。

外貨預金はこの制度の対象外なので、もしも**預け先の銀行が破綻してしまった場合、元本や利息が支払われなくなる可能性もあります。**

また、外貨預金のなかでもとくに金利が高いのは、普通預金ではなく定期預金です。先ほどのインターネット銀行の場合、米ドルの普通預金の金利は年0・2％、ユーロは年0・1％、英ポンドは年0・35％と、決して高い水準とは言えません。

そのため、金利の高い定期預金のほうが好まれがちですが、いったん預けると、原則として中途解約ができなくなる点には注意が必要です。

無理に中途解約をすると、預金金利が普通預金と同じ水準まで下げられたり、中途解約手数料を取られることもあります。

こうした換金のしにくさは、外貨定期預金のデメリットの1つだと言えそうです。

後述するように、米国債や米ドル建て社債には、外貨定期預金とほぼ同レベルの利回りが享受できて、いつでも換金できるという利点があります。

このほか、外貨預金では、その利益について確定申告をしなければならない場合もあります。

外貨預金による利益には、利息と為替差益の2種類があります。利息については、一般の円預金と同じように20・315%の税金が源泉徴収されますが、預け入れた時点よりも円安が進んで得られた為替差益は雑所得に分類され、総合課税の対象となるのです。そのため、外貨預金で得た為替差益については、原則確定申告を行う必要がある点に注意が必要です（2024年8月現在）。

逆に、預け入れた時点よりも円高が進み、為替差損が出た場合は申告不要です。

FX

資産を一気に減らさないように
レバレッジはかけすぎないこと

ＦＸとは本来、「Foreign Exchange」（外国為替）のこと。金融商品の「ＦＸ」は、その外国為替を、証拠金を入れて取引するもので、正式には「外国為替証拠金取引」と言います。

外貨預金と同じように、ＦＸでは米ドルやユーロ、英ポンドといった、さまざまな通貨の取引が可能。スワップポイントといわれる通貨間の金利差を受け取れる場合もあり、しかも証拠金取引なので、少額の資金（証拠金）を預け入れると、その何倍もの取引ができるのが特徴です。

たとえば、50万円を証拠金として20倍の買い注文を出すと、１０００万円相当の外貨を買うことができます。この場合、為替相場が「円安」に動いたときに得られる利益の金額も20倍になるわけです。これを「レバレッジ取引」と言います。

ＦＸでは証拠金の最大25倍までのレバレッジ取引を行うことができます。

このほか、ＦＸでは、外貨を「買う」だけでなく、外貨を「売る」こともできます。この先「円高」が進むと思えば、「外貨を売って円を買う」という取引で為替差益を稼ぐことも可能なのです。

外貨預金では、為替相場が「円安」に進まないと為替差益は得られませんが、ＦＸなら、相場が「円安」に進もうと「円高」になろうと収益チャンスがあります。

その使い勝手のよさから、外貨預金代わりにＦＸを行っている投資家も少なくありません。外貨預金の両替手数料に比べて、ＦＸの手数料のほうが安いことも人気の理由です。

ただし、**レバレッジ取引は、相場が予想どおりに動けば大きな利益が得られる半面、予想に反すると、損失が何倍、何十倍にもなるというデメリットがあります。**

レバレッジは1倍か、せいぜい2倍程度にとどめておくのが無難でしょう。

相場の動きをにらみながら、つねに収益チャンスを追求できるのがＦＸの魅力だとは思いますが、パソコンやスマートフォンで四六時中値動きをチェックしないと、不安になる方もいらっしゃるようです。「資産は増やしたいけど、普段はあまり運用状況を気にしたくない」という方には、FXは不向きかもしれません。

暗号資産

値動きが激しすぎるのが難点 セキュリティー面でのリスクも

FXと同じように、「普段はあまり運用状況を気にしたくない」という方には不向きだと思われるのが、暗号資産（仮想通貨）です。

暗号資産とは、電子的に記録され、移転できるデジタル通貨のことで、ビットコインやイーサリアムなど、さまざまな種類が発行されています。

とくにビットコインは、2009年の誕生時には1円以下だったものが、2024年3月に1000万円を超えたことが大きな話題となりました。

たった15年で、通貨としての価値が1000万倍を超えたのですから、世間が驚くのも無理はありません。

ただし、ビットコインに限らず、**暗号資産は値動きが非常に激しいのが難点**です。短期間で、買った値段の何倍、何十倍にもなる可能性がある半面、何分の1、何十分の1になることもあるのですから、大切な資産を堅実に増やしたいという方には、あまりお勧めできません。

しかも、暗号資産には、セキュリティー面でもかなりの不安があります。

暗号資産の取引所がハッキングされ、投資家から預かった数百億円規模の資産が流出するという事件が何度も発生していますし、暗号資産の開発者が投資家から資金を集めた後に持ち逃げするといった詐欺事件も起こっています。

以上のようなリスクを考えると、**「資産を手っ取り早く増やしたい」といった安易な目的で暗号資産を購入するのは、避けたほうが無難**だと思います。

不動産投資 バブルはいずれ終焉を迎える？ 人口減少で賃貸需要は縮小へ

資産運用の方法として、金融商品だけでなく、不動産投資を考えておられる方も多いと思います。

ここ数年、不動産投資の人気が高まっているのは、東京をはじめとする大都市圏で不動産価格が上昇していることも背景にあるのでしょう。売買益（キャピタルゲイン）を期待して、賃貸用マンションを購入する方が増えているようです。

しかし、価格の高騰によって、賃貸用マンションの表面利回り（年間の家賃収入÷物件価格）は低下傾向にあります。さらに、修繕積立金などの経費や、税金などが考慮されていないので、これらを差し引いた実質利回りは、年2％前後といわれます。

年2％なら、何とか「インフレに勝てる」程度の資産運用はできますが、問題は「入居者が確保できるかどうか？」でしょう。

賃貸用マンションを購入しても、空室のままなら家賃収入は得られません。表面利回りが3％の物件でも、実質の利回りはゼロになってしまうのです。

今後、人口減少によって入居希望者の数が減れば、「空室リスク」はますます高くなることでしょう。人口減少の勢いが激しい地方都市はなおさらです。地方の賃貸用マンションの表面利回りは都心よりも高めですが、「1年以上、空室の状態が続いている」といった物件も少なくありません。

しっかりとした収益計画を立て、入居者確保のための努力や工夫を重ねないと、不動産投資で収益を上げるのは難しいと言えるでしょう。

【本章で紹介した各金融商品のメリット・デメリット】

	メリット	デメリット
株式投資	・配当（インカムゲイン）と、売買益（キャピタルゲイン）が得られる。	・株価の上昇と下落の予想は、プロでも難しい。 ・倒産すると、投資したお金が戻らなくなる。
投資信託	・少額から投資が可能で、プロが運用する。 ・分散投資でリスクを減らすことができる。	・投資する地域、対象によっては、ハイリスク・ハイリターンになる。
外貨預金	・金利は預入期間によって異なるが、米ドル定期預金だと2～4%。	・預金保険制度の対象外。 ・定期預金を中途解約すると金利が下げられたり、解約手数料がかかったりする。
FX	・少額の資金で何倍もの取引ができ、利益も何倍にもなる可能性がある。 ・円安でも円高でも、スワップポイントを受け取れる場合もある。	・予想に反すると、損失が何倍、何十倍にもなる。 ・四六時中値動きをチェックする必要がある。
暗号資産（仮想通貨）	・短期間で買った値段の何倍、何十倍にもなる可能性がある。	・値動きが激しく、資産が何分の1、何十分の1になる場合もある。 ・セキュリティー面で不安がある。
不動産投資	・都心のマンション価格が高騰し、売買益（キャピタルゲイン）を得られる可能性がある。	・賃貸で運用する場合、空室リスクがある。 ・修繕積立金などの経費や税金がかかる。

国が推進するNISA、iDeCoは堅実な資産運用に向いているのか？

「貯蓄から投資へ」を後押しする2つの制度

2024年1月、個人の資産形成を応援する国の税制優遇制度、NISA（ニーサ、少額投資非課税制度）が一新されました。

これを機にNISAを利用して資産運用を始めようとする動きが広がっています。

もう1つ、国が個人の資産形成を支援する制度としては、私的年金制度のiDeCo（イデコ、個人型確定拠出年金）もあります。

いずれも、「貯蓄から投資へ」の移行を後押しする国が、その手段として国民に提供している制度です。

この2つは、「インフレに負けない」堅実な資産運用に向いているのでしょうか？

NISA 投資の利益にかかる20・315％の税金が非課税に

NISAは、2014年1月に始まった税制優遇制度です。

その最大のメリットは、毎年一定金額の範囲（年間投資枠）内で購入した株式や投資信託で得た利益が非課税となること。

通常、これらの金融商品に投資した場合、売却して得た利益や配当に対しては、20・315％の税金がかかります。それが、NISA口座を通じて投資すればゼロになるというのですから、非常にメリットは大きいと言えます。

たとえば、100万円分の株式を買い、110万円に値上がりしたところで売却すると、利益は10万円ですが、一般的な証券口座（特定口座）で売買すると、売却益から20・315％が天引きされ、利益は約8万円しか残りません。

それが、まるまる10万円残るのですから、「NISAを始めない手はない」と考える方が増えるのも不思議ではないでしょう。

しかも、2024年1月からの制度改正によって、NISAはますます使い勝手がよくなりました。

NISAの投資枠には、個別株や投資信託などを買える枠と、長期の積み立てに適した投資信託を買える枠の2種類がありますが、それぞれの年間投資枠が拡大され、併用も可能となりました。

前者は旧制度（旧NISA）では120万円だったものが、新制度（新NISA）では240万円に倍増。後者は40万円だったものが、3倍の120万円に増えています。その分、非課税で利益を受け取れるチャンスが広がったことを考えると、かなり有利になったと言えます。

ただし、そのメリットを享受できるのは、あくまでも投資によって利益が出た場合のみです。

NISA口座を利用して投資できるもののなかで、株式や株式型投資信託は比較的価格変動リスクの高い金融商品と言えます。**仮に値下がりして損失を出してしまっ**

たら、資産そのものを減らすことになるので、非課税メリットどころではありません。

ＮＩＳＡ口座で購入できる金融商品には、ハイリスク・ハイリターンの個別株から、投資信託まで、リスク・リターンの大きさが異なるさまざまな種類があります。

堅実な資産運用を目指すのなら、「非課税」という点ばかりに着目するのではなく、なるべく損失を出さないように、リスクが低めの金融商品を選ぶことをお勧めします。

iDeCo　掛金が全額所得控除の対象になる

ｉＤｅＣｏは、国民年金や厚生年金などの公的年金とは別に給付を受けられる、私的年金制度の1つです。

私的年金なので加入は任意。加入の申し込みや、掛金の拠出、掛金の運用などはすべて自分で行い、掛金とその運用益の合計額をもとに年金の給付を受けることができます。

掛金の運用は、ｉＤｅＣｏの運営管理機関が選定する投資信託や保険商品、預金等のなかから、加入者自身が商品を選んで行います。

iDeCoのメリットは、掛金や運用で得た収益に対して税制優遇が受けられる点です。

掛金は全額所得控除の対象となり、運用期間中の運用益はNISAと同じように非課税となりますし、退職金や年金として受け取る際には一定の控除が受けられます。

ただし、**運用した投資信託などの商品が損失を出してしまったら、非課税メリットを得られないどころか、将来受け取れる年金が減ってしまうこともNISAと同じ**です。

年金の受取額を増やしたいからといって、闇雲にリスク・リターンが大きい商品のみを選んで運用するのは賢明とは言えません。

また、iDeCoは年金なので、資金の拘束性が強く、原則中途解約はできません。年金として受け取れるのは、原則60歳（拠出期間が10年以上）か、最長で65歳からです。急にまとまった資金が必要になっても、すぐに換金できない資産運用手段であるということは覚えておいてください。

以上、主な金融商品や税制優遇制度のメリット・デメリットを見てきましたが、リスク・リターンのバランスがよく、換金性も高い点などを考慮すると、わたしは米国債や米ドル建て社債が、堅実な資産運用に適した金融商品だと考えます。

そこで次の章では、まず米国債の魅力について紹介します。

第3章

米国債とは、どんな金融商品か？まずは基礎知識を学ぼう

預金よりも高利回りで株式よりも手堅い！米ドル建て債券の魅力とは？

債券って何？基本中の基本から解説します

わたしは、「インフレに負けない」堅実な投資方法として、米国債および米ドル建て社債の購入をお勧めしています。

第2章でさまざまな金融商品を紹介しましたが、それらと比べて相対的にリスクが低く、そのうえ預金を上回る利回りが期待できるからです。

この章では、そんな米ドル建て債券（米国債、米ドル建て社債）のうち、米国債にフォーカスし、金融商品としての魅力を徹底検証します。

米国債について説明する前に、まずは「債券ってどんな商品なの？」という基本中の基本から解説することにしましょう。

「債券」という言葉自体は、ほとんどの方が見たり聞いたりしたことがあると思います。でも、「どんな金融商品なのか？」ということは、あまりご存じない方が多いのではないでしょうか？

わかりやすくひと言で言うと、

債券とは、借金の借用書のようなもの。

より正確に言えば、国や地方公共団体（都道府県や市区町村）、金融機関、一般企業などが、投資家から「資金を借りるため」に発行する有価証券です。

資金の「借り手」、つまり債券を発行する国や地方公共団体、金融機関、企業などのことを「発行体」と言います。

「債券を買う」ということは、これらの発行体に資金を貸し付けることなのです。

発行体は一定の発行条件を設定し、その条件を受け入れてくれる投資家から広く資金を借り入れる仕組みとなっています。
債券の主な発行条件は、次のとおりです。

額面金額

債券の元本金額のこと。償還日（満期日）には、この金額が投資家に返済されます。

表面利率

額面金額に対して、1年間に支払われる利息（クーポン）の割合のこと。「クーポンレート」とも言います。

発行価格

債券が発行されるときの価格のこと。額面金額とは異なる場合もあります。

償還日

額面金額が返済される期日（返済期日）のこと。額面金額100％で償還されますので、たとえば額面金額が１００円であれば、１００円の償還金が支払われます。

なお、債券の発行日から償還日までの期間のことを「年限」と言います。既発債（発行済み債券）の場合、償還日までの期間は「残存年数」です。

利払日

利息（クーポン）が支払われる日のこと。通常、半年ごとや、1年に1回です。

これらの発行条件に基づいて、債券を購入すると、定期的に利息を受け取ることができ、償還日には額面どおりの金額が戻ってきます。

つまり、将来受け取れるお金の額や、受取日があらかじめ確定しており、発行体が破綻や倒産、解散などをしない限り、確実に受け取れるのが債券の大きな魅力なのです。

このように、**将来の収益が「ほぼ確実」であることが、株式や投資信託、ＦＸといった他の金融商品との大きな違い**であると言えます（詳しくは後述します）。

債券には どんな種類があるの？

債券の種類は、発行体ごとや、利払い方法などによって区分されます。

まずは発行体ごとの区分ですが、国や地方公共団体が発行する債券は「公共債」、金融機関や民間企業などが発行するものは「社債」と呼ばれます。


公共債のなかでも、国が発行するものが「国債」です。

国債は、日本をはじめ、世界中のさまざまな国が発行しており、日本の投資家でも米国債やイギリス国債、ドイツ国債など、海外の国債を購入できます。取り扱っている国や種類は証券会社によってまちまちですが……。

国債と社債の大きな違いは、発行体の信用力が異なる点です。

企業はどんなに大きくても、事業がうまくいかなくなると、破綻や倒産する恐れがあります。これに対し、米国や欧州といった先進国の国々は、国そのものが潰れてしまうという心配はほとんどありません。

そのため、発行体が潰れて元金が戻ってこなかったり、利息が支払われなくなるリスクは、国債よりも社債のほうが高いと言えます。

リスクの高さは、債券の利率にも反映されます。

相対的にリスクの低い国債は利率も低く、リスクが高い社債は利率も高くなりやすい傾向があるのです。

これは、「債券を買う」ことが、「お金を貸す」ことと同じであると考えれば、納得できるはずです。

借り手の信用力（返済能力）が低く、貸したお金が返ってこなくなるかもしれないと考えれば、なるべく高い金利でお金を貸そうと誰もが思うでしょう。それとまったく同じことです。

ちなみに、発行体の信用力の高さは、格付けでチェックすることができます。

格付けとは、発行体の事業環境や財務状況などを格付け機関が分析し、それに基づいて信用力をランキングしたものです。

最も信用力の高い発行体は「ＡＡＡ」（トリプルエー）と評価されます。

以下、「ＡＡ」（ダブルエー）、「Ａ」（シングルエー）、「ＢＢＢ」（トリプルビー）、「ＢＢ」

（ダブルビー）……と続き、最も低い格付けは「D」（シングルディー）です（表示方法は格付け機関ごとに異なります）。

投資適格（投資に適している）と評価されるのは「BBB」格以上、逆に投機的とみなされるのは「BB」格以下の債券です。

これらの格付けは、国内外の格付け機関が行っており、日本では日本格付研究所（JCR）や格付投資情報センター（R&I）など、海外ではムーディーズやスタンダード&プアーズなどの機関が知られています。

信用力の高さと利率の高さは反比例の関係にあり、「AAA」に近づくほど利率は低く、「D」に近づくほど利率は高くなります。

言い換えれば一般的に、利率が低い債券ほど、期待できるリターンも少ない半面、発行体が潰れるリスクは低い。逆に、利率が高い債券ほど、リターンが大きくなる半面、発行体が潰れて貸したお金が戻ってこなくなるリスクが高いということです。

この格付けは国債にも適用され、日本国債は「A」クラス、米国債は「AAA」から「AA」の上位で、アメリカのほうが信用力は高いとされています。

【債券発行体の信用力の格付け】

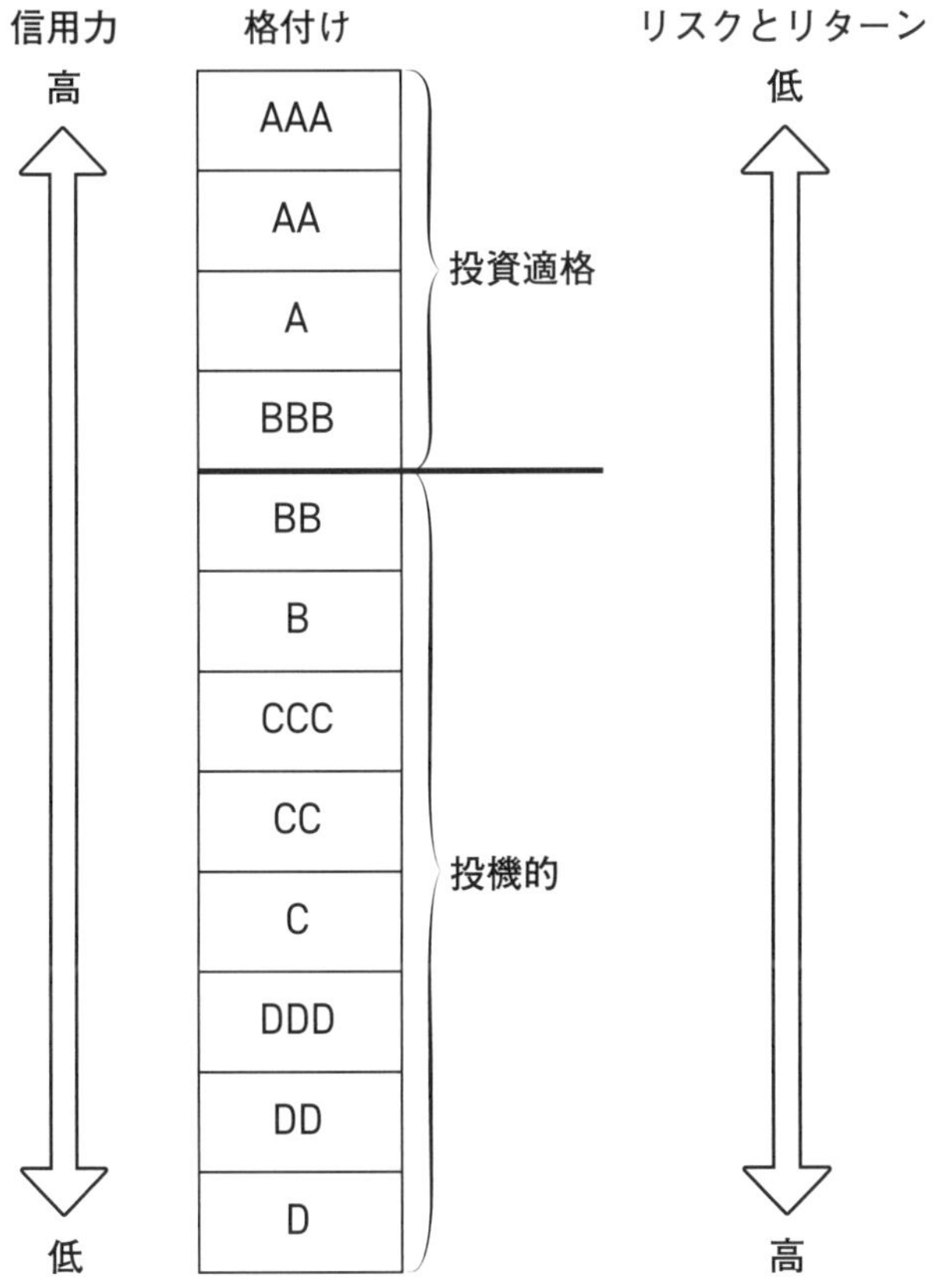

また、利払い方法による区分としては、**「利付債」と「ゼロクーポン債（割引債）」**の2つに分けることができます。

利付債とは、年に1回、半年に1回といった条件に基づき、定期的に利払いが受けられる債券のことです。

定期的な利息収入を得られることに加え、償還時には額面金額の全額を受け取ることができます。

一方、ゼロクーポン債とは、その名のとおり、利息（クーポン）が一切受け取れない債券です。

その代わり、利息分が割り引かれた価格で取引され、償還時には額面金額の全額を受け取れる仕組みになっています。

償還までの期間が長いほど、割り引かれる金額が大きくなるので、取引価格も安くなります。

たとえば、償還まで約26年ある２０５０年満期の米国ゼロクーポン国債は、額面が１００米ドルに対し、35米ドル前後で購入できます（２０２４年8月時点）。償還されるのは約26年後ですが、仮に満期まで保有すれば、約3倍もの金額で戻ってくる計算になります（米ドル基準の場合）。

複利効果を追求するなら
ゼロクーポン債のほうがお勧め？

お客さまから、「利付債とゼロクーポン債のどちらを選んだらいいのか？」というご質問をよくいただきます。

お客さまごとのライフステージや生活スタイル、将来設計などによってベストな選択は異なりますが、すぐに使う必要がなく、じっくり資産を増やしたいと考えるのなら、複利効果の高いゼロクーポン債のほうがお勧めかもしれません。

複利効果とは、運用で得た利益を元本に上乗せし再び投資することで、利益が利益を生み、雪だるま式に資産が膨らんでいく効果のことです。

たとえば、１０００万円の投資で、年10％（１００万円）の利益が得られるとします。利益が出るたびに受け取り、元本が１０００万円のまま10年間運用を続けると、トータルの利益は1000万円（100万円×10年）、元本と利益の合計は2000万円となります。

これに対し、年10％の利益を、毎年元本に上乗せしながら運用すると、どうなるでしょうか？

1年目は、元本1000万円＋利益10％（100万円）で1100万円。2年目は元本1100万円＋利益10％（110万円）で1210万円。3年目は元本1210万円＋利益10％（121万円）で1331万円……と、雪だるま式に元本と利益の合計が膨らんでいきます。

10年後の元本と利益の合計は2593万円。利益が出るたびに取り崩す運用方法に比べて、じつに約593万円も資産が多くなります。

これが複利効果なのです。

利付債も受け取った利息を再投資すれば複利効果が得られますが、税引後の利息を再投資することになります。一方、ゼロクーポン債は、利息相当分を非課税で再投資すると解釈した場合、複利効果はゼロクーポン債のほうが高くなります。

また、利付債の場合、利払いの都度、約20％の税金を納めることになるので、償還

【複利効果がない場合】

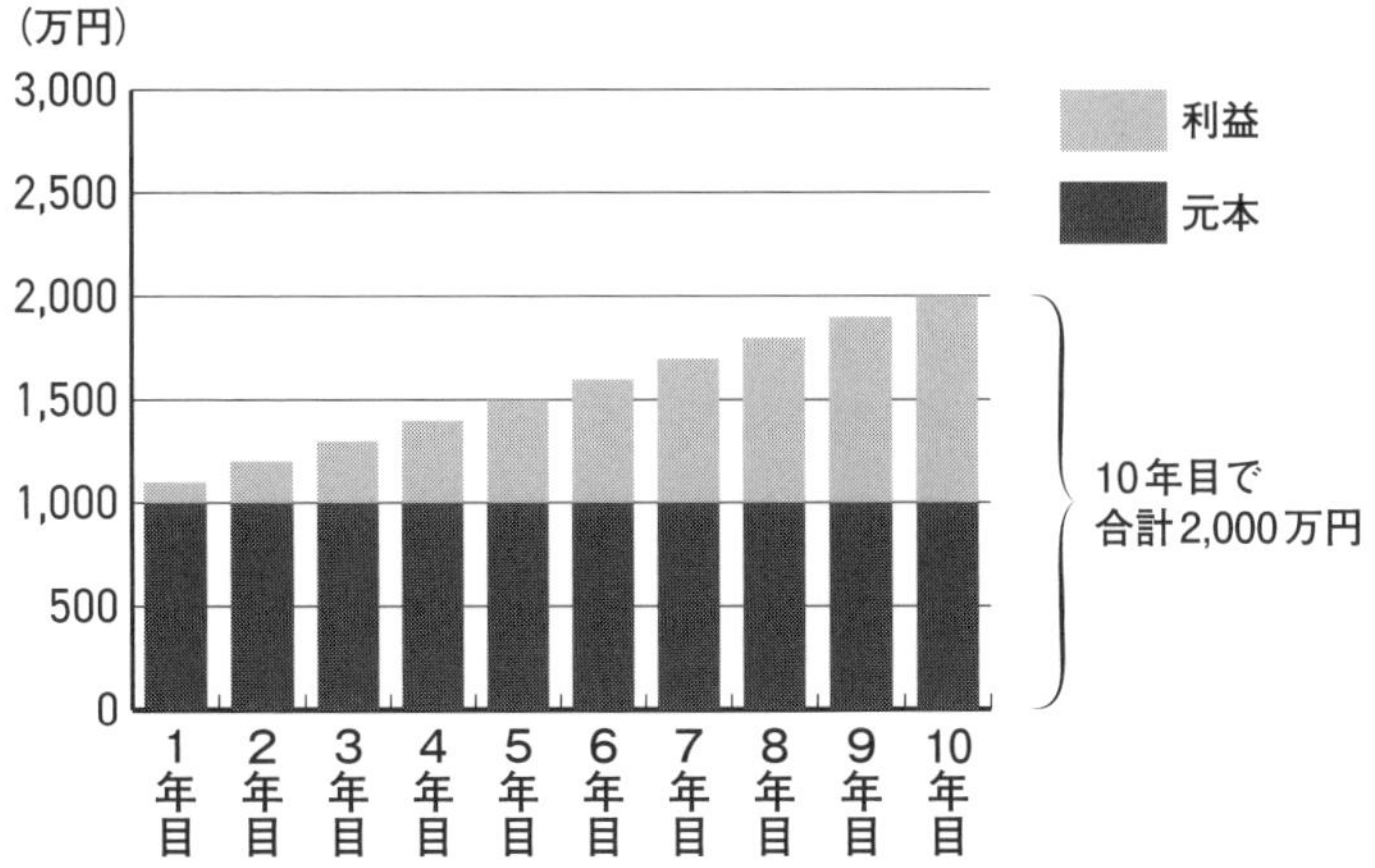

【複利効果がある場合】

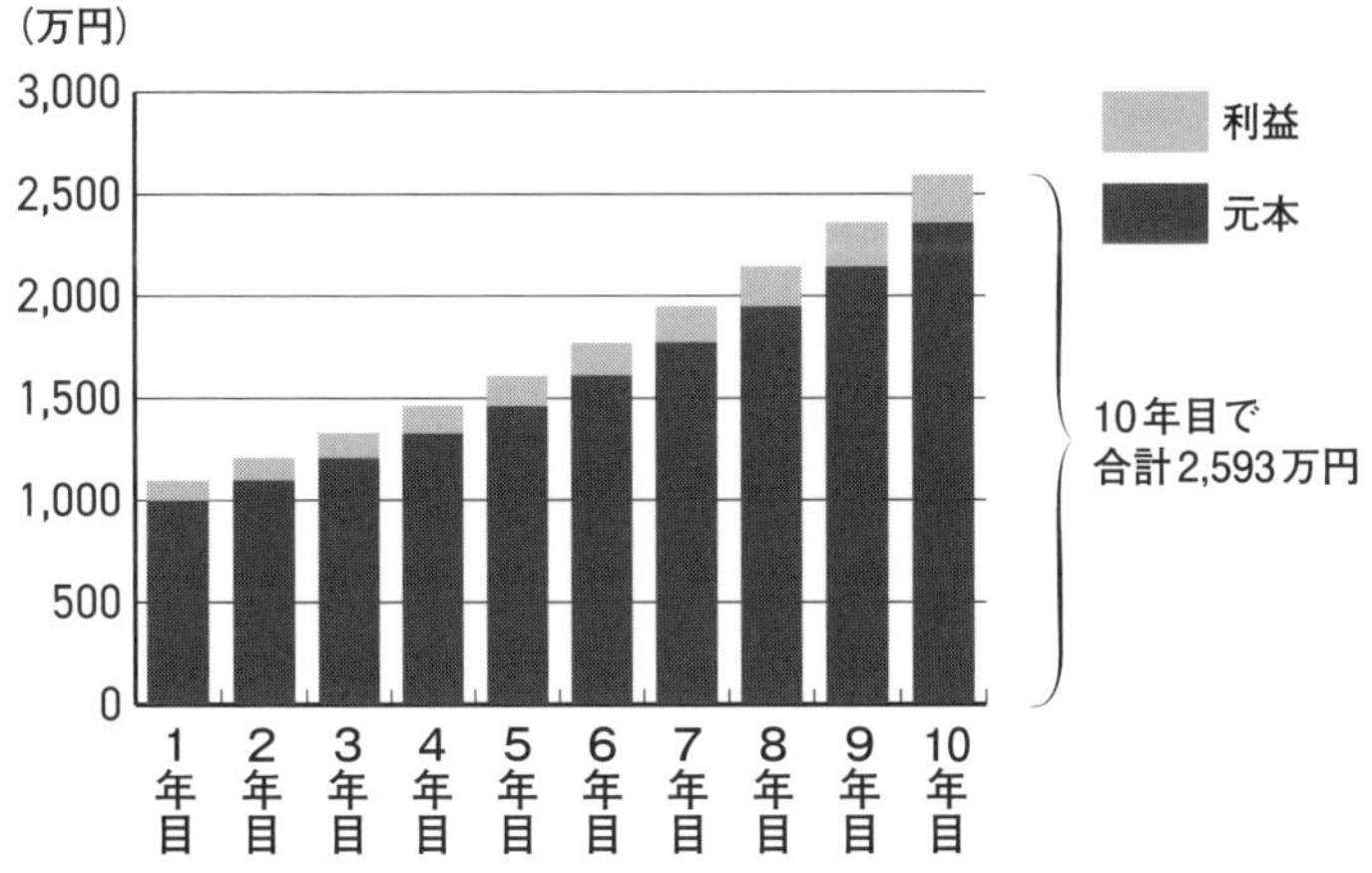

時、あるいは売却時にまとめて税金を納めるゼロクーポン債に比べると納税額が多くなることもあります。

以上のような点を考慮すると、当面使う予定のない資金を、なるべく効率よく運用したいと考えるのなら、ゼロクーポン債を選ぶのが賢明かもしれません。

これに対し、定期的な利息収入を得たいという方は、利付債を検討されるとよいでしょう。

また、両方の持ち味を組み合わせるために、利付債とゼロクーポン債をそれぞれ購入する方法もあります。第6章で具体的な事例を紹介します。

金利と債券価格はシーソーの関係
金利が上がると、債券価格は下がる

これから債券投資を始める方に、必ず知っておいていただきたい〝重要な法則〟があります。

それは、

金利と債券価格はシーソーの関係にある

ということです。

政策金利などが上昇する局面（いわゆる「利上げ」局面）では債券価格は下がり、政策金利が低下する局面（「利下げ」局面）では債券価格は上がる傾向にあるのです。

この法則は、次のように単純化して覚えておくとよいでしょう。

金利が上がる＝債券価格は下がる
金利が下がる＝債券価格は上がる

なぜ、このようなことが起きるのかというと、市場に流通している債券（既発債）の「人気」は、新たに発行される債券（新発債）の表面利率の大きさによって変化するからです。

たとえば、既発債の表面利率が年2％、後から発行された新発債の表面利率が年3％だったとしましょう。あなたなら、どちらを買いたいと思いますか？

もちろん、より多くの利息がもらえる新発債ですよね。すでに既発債を持っている方なら、それを売って新発債を買いたいと思うはずです。

そして、「人気」を失って売られやすくなると、債券価格は下がっていきます。

これが「金利が上がると、債券価格は下がる」という仕組みの正体です。

債券の表面利率は、政策金利を基準に設定されます。なので、政策金利が上がると、それに伴って新発債の表面利率も上がり、市場に流通している既発債の価格は下がるわけです。

逆に政策金利が下がると、新発債の表面利率も下がります。この場合、新発債に比べて既発債の表面利率に魅力が出てきて既発債が買われ始めるために、価格が上昇します。

これが「金利が下がると、債券価格は上がる」理由です。


この法則を踏まえると、既発債は、なるべく政策金利が高いタイミングで買ったほうが、安く買えることがわかります。

ご承知のように、米国ではコロナ禍による需給ギャップが主な要因と考えられる急激なインフレが進行したため、２０２２年以降政策金利が急上昇しており、米国債の

【金利が上がる＝債券価格は下がる】

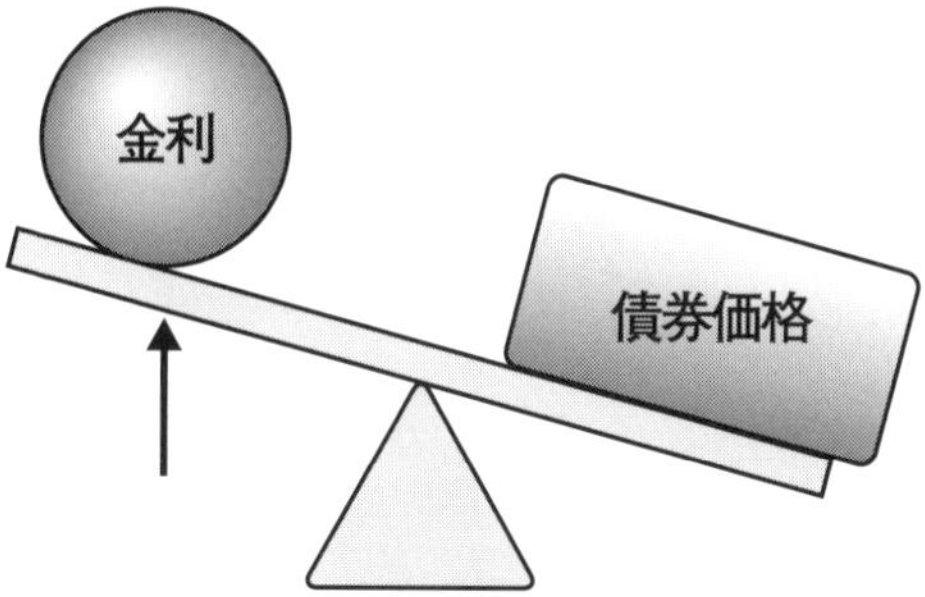

新発債の表面利率が上がる ➡ 市場に流通する既発債が売られて債券価格が下がる

【金利が下がる＝債券価格は上がる】

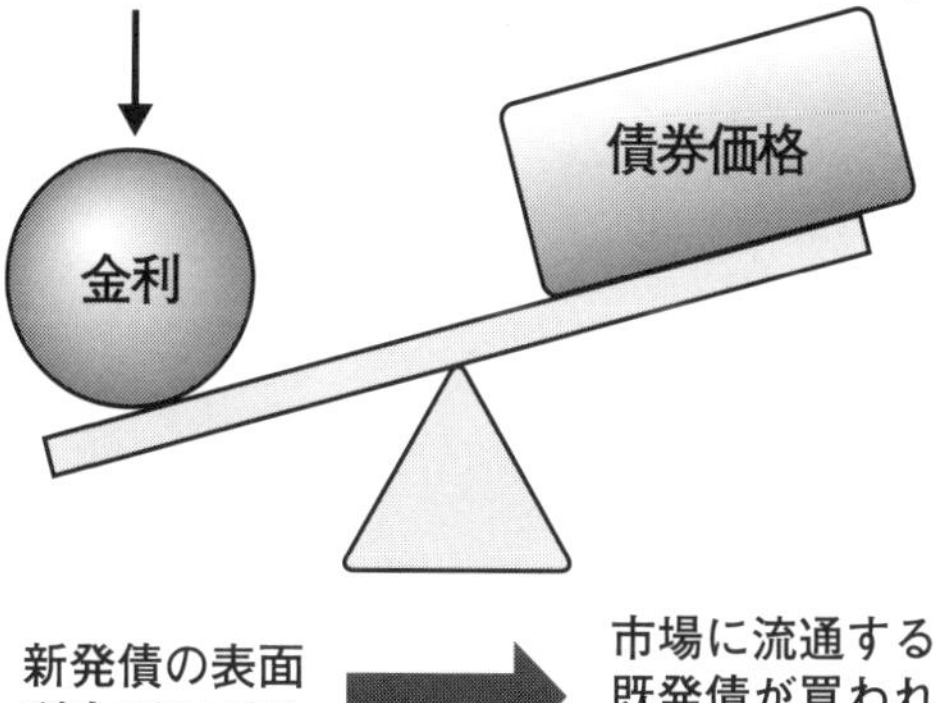

新発債の表面利率が下がる ➡ 市場に流通する既発債が買われて債券価格が上がる

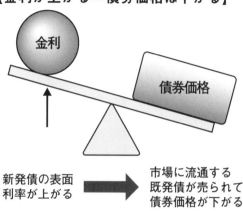

価格はかなりの低水準で推移しています。

日本でもここ数年、米国債を買う個人投資家の方が増えていますが、資産としての安全性や安心感だけでなく、足元の「価格の安さ」に魅力を感じて購入される方もいらっしゃるようです。

ところで、債券価格にまつわる「シーソーの関係」は、もう1つあります。

債券価格が下がると、その債券の利回りは上がり、
債券価格が上がると、その債券の利回りは下がる

という関係です。

この章の冒頭でも解説したように、債券の表面利率は、額面金額に対して1年間に支払われる利息（クーポン）の割合です。

この割合は固定されているので、債券価格が下がれば下がるほど、利回りは高くなり、債券価格が上がれば上がるほど、利回りは下がるのです。

この関係性を考えても、債券はなるべく価格が安いときに購入するのがお得だと言

【債券価格が下がると、その債券の利回りは上がる】

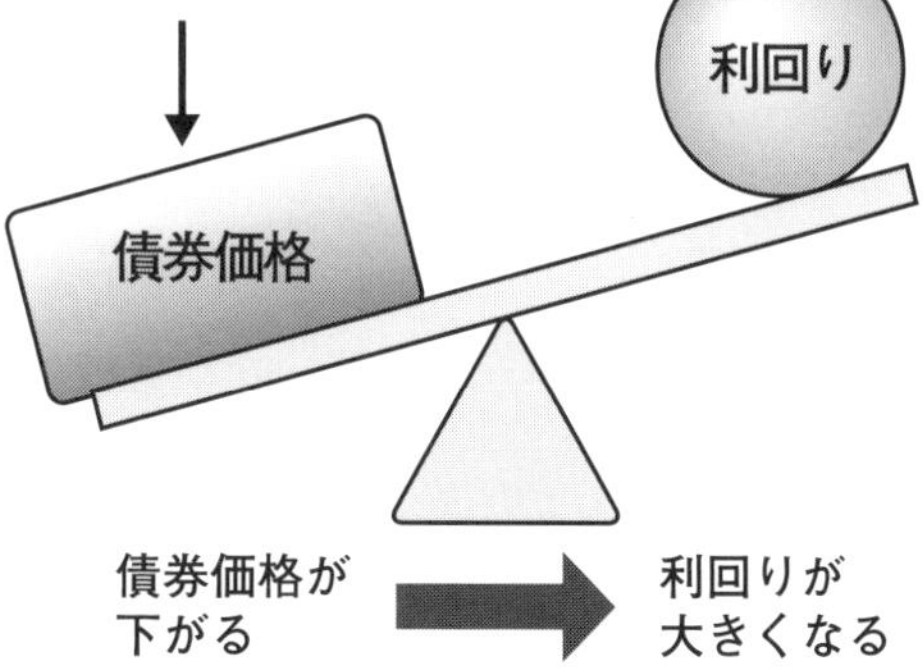

【債券価格が上がると、その債券の利回りは下がる】

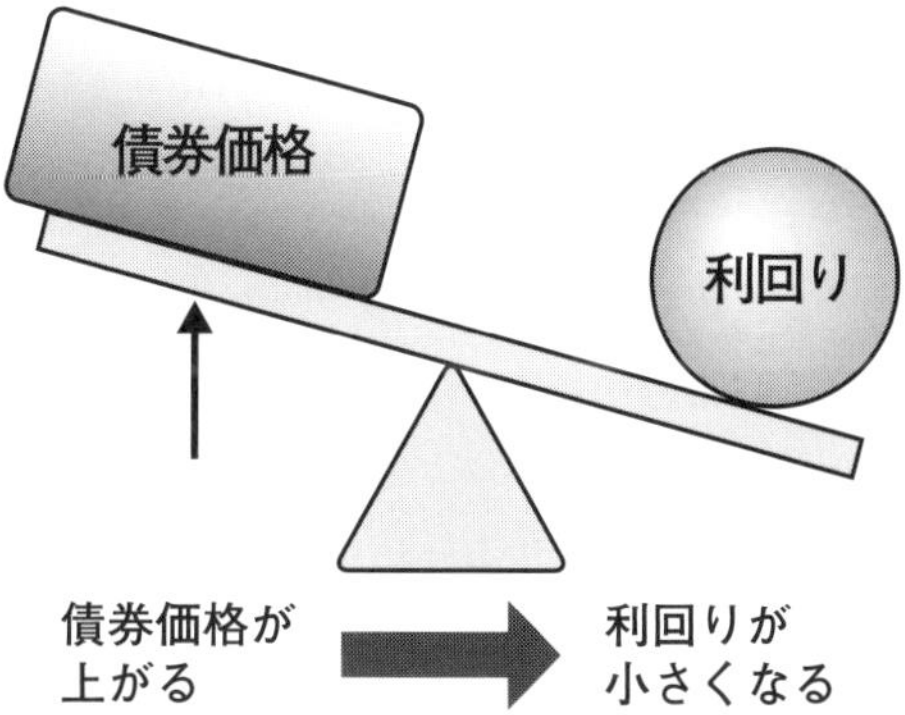

$$(単利)利回り(\%)=\frac{年利率(クーポン)+\dfrac{償還価格(額面)-購入単価}{残存年数}}{購入単価}\times 100$$

えそうです。

金融機関に資産を託すのなら
預金も債券も大きな違いはない？

債券投資とは、発行体である国や企業にお金を貸し、その利息と、最終的に元本まで受け取れる投資であるということは、ここまででご理解いただけたと思います。

民間企業が資金調達のために発行する社債は、さまざまな業種の企業が発行しています。

銀行や保険会社などの金融機関も例外ではありません。世界中の金融機関が、資金調達のために社債を発行し、投資家からお金を借りているのです。

投資家の側からすれば、資産運用にあたって、銀行にお金を預けるのか？（預金する）、それとも、銀行にお金を貸すのか？（債券を買う）という2つの選択肢から、より有利な方法を選べることになります（厳密には、「銀行の株を買う」という第3の選択肢もありますが、ここでは省略します）。

もちろん、それぞれに一長一短はありますが、「インフレを上回る」リターンを追求したいのであれば、預金するよりも、銀行が発行する社債を買うほうが有利だと考えられます。

日本の場合、銀行の預金金利は、5年もの定期預金に預けても年0・2％程度、普通預金なら、日銀の利上げ前はわずか0・02％程度、今年7月の利上げ後でも0・1％程度です（2024年8月現在）。これでは、年2％前後のペースで上がり続けている物価上昇には、とても太刀打ちできません。

その点、海外の金融機関の米ドル建て社債には、年5〜6％の利回りを実現しているものもあります。これなら、この先インフレが進んでも、資産の目減りを抑えられる可能性は高いと言えるでしょう。

じつは、**「銀行にお金を預ける」と言っても、預金という行為は、「銀行にお金を貸している」のとほとんど同じ**であることをご存じでしょうか？

預金とは、預金者と銀行との間で「消費寄託契約」を結ぶことによって行われる取引行為です。

消費寄託契約とは、「受寄者が寄託物を消費することができ、後日それと同種同等、同量のものを返還することを約する契約」（民法第666条）のこと。この契約どおりなら、銀行（受寄者）は、預金者から預かったお金（寄託物）を必ず返さなければならないので、債務（借金）を負っているのと何ら変わりありません。

つまり預金とは、「銀行にお金を貸していること」と、ほとんど同じなのです。

同じ「お金を貸す」のであれば、より金利や利回りの高い契約を選んだほうが、大きなリターンを得られるのは言うまでもありません。

では、社債よりもはるかに金利が低いのに、なぜ多くの方は預金を選ぼうとするのでしょうか？

答えはたった1つ。

「投資よりも預金のほうが安全だ」という意識が強いからです。

預金は、たとえ銀行が潰れても、1000万円までの元本とその利息等が保護される「預金保険制度」によって守られています。

一方、銀行が発行する社債には、そうした投資家の利益を保護する制度がありません。万が一、銀行が潰れてしまったら、クーポンはおろか、元本そのものが戻ってこなくなる可能性があるのですから、リスクを恐れる方が「利回りよりも安全性を優先したい」と考え、預金を選ぼうとするのも無理のない話です。

実際、2008年のリーマンショックや2009年のギリシャ危機などさまざまな金融危機が起こり、「大きすぎて潰せない」といわれていた金融機関があっけなく破綻するケースが相次ぎました。どんなに大きな銀行でも絶対に潰れないとは言い切れません。

とはいえ、その金融機関が「AAA」や「AA」といった高格付けを受けているのなら、「絶対に」とは言えないまでも、潰れる可能性は極めて低いと言えるのではないでしょうか。

リスクをどこまで取って、目標とするリターンを得るか。

これは投資における永遠のテーマですが、少なくともインフレを上回るだけのリターンを追求したいのであれば、預金よりも社債を選ぶほうが賢明だと言えるかもしれません。

米ドル建て預金と米ドル建て債券はどちらが有利？

繰り返し述べてきたように、わたしは安全性と収益性を兼ね備えた米ドル建て債券（米国債、米ドル建て社債）の運用をお勧めしています。

円資産に偏りすぎている日本の家計の資産構成（ポートフォリオ）を最適化するためにも、ある程度、米ドル建て資産を持っていただくのが望ましいと考えています。

もちろん、米ドル建て債券を購入するだけが、ポートフォリオを最適化する方法ではありません。米ドル建ての金融商品はほかにもいろいろあり、日本の金融機関もさまざまな商品を提供しています。

なかでも、最も代表的なのは米ドル建て預金でしょう。

第2章でも解説したように、日本の銀行が取り扱っている米ドル建て定期預金のなかには、金利が年4～5％のものもあります。

米国債の利回りも年4％前後（2024年8月現在）のものが多いので、こと収益性に関しては、ほとんど差がありません。

ただし、米ドル建て定期預金は3ヵ月、6ヵ月、1年といった預入期間の縛りがあり、必要なときに換金できない場合もあるのがデメリットだと言えます。

その点、債券は流動性が高く、**売りたいときにはいつでも売れ、買いたいときにはいつでも買える**ものがほとんどです。

売り注文が成立（約定）してから現金化までに3～4営業日がかかりますが、それでも、換金性の高さは米ドル建て預金をはるかに上回ります。

手持ちの資産をなるべく自由に動かしたいと考える方は、米ドル建て預金よりも米ドル建て債券を選んだほうがよいかもしれません。

安全性については、米ドル建て預金も、米ドル建て債券も、ほとんど変わらないと言えるでしょう。

すでに述べたように、外貨預金は「預金保険制度」の対象外なので、銀行が潰れてしまったら、預けていた元本が戻ってこなくなる可能性があります。

一方、米ドル建て債券も、発行体に万が一のことがあった場合、元本と利払いは保証の限りではありません。

そのため、お客さまに安心して投資していただけるレベルの格付けとして、発行体格付け「A」格以上の債券を選択されることをお勧めします。

将来いくら利益が得られそうか？確実性の高さが株式との大きな違い

本書を、ここまで読み進めてくださった方は別ですが、投資の知識や投資経験のない方にとって、「債券」という金融商品は、ほとんど知られていない存在だと言えるでしょう。

大半の方は、「投資」と言えば、反射的に「株式投資」を思い浮かべるはずです。

しかし、実際には、**世界の債券市場の規模は、株式市場の4〜5倍もあるといわれ、金融商品としてのプレゼンスは株式よりも圧倒的に大きい**のです。

債券市場の規模がこれほど大きいため、年金や保険などを運用するプロの投資家（機関投資家）が、より多くの資金を債券に投入し運用しています。機関投資家が運用する資金は、世界中の年金加入者や保険加入者から集めたものなど、その規模の巨大さは、個人投資家の資金の比ではありません。

では、なぜプロの投資家たちは、株式よりも、債券により多くの資金を投入するのでしょうか？

その理由は、債券に投資すれば、投資の成果が「ほぼ確実」に見込めるから。

じつは、この**確実性の有無こそが、債券と株式の大きな違い**なのです。

第2章でも述べたように、株式は「将来が予想できない」金融商品です。どんなに成長を遂げている企業でも、事業を取り巻く環境の変化や、競合企業の台頭、ビジネスモデルの陳腐化などによって、いずれ成長できなくなる可能性があります。

もちろん、変化に対応しながら、したたかに成長を続けるかもしれませんが、本当にそうなるのか、まったく先が読めません。

期待を裏切られれば、株価は下がり、場合によっては配当も出なくなったり、最悪の場合、会社そのものが潰れてしまうこともあります。

年金加入者や保険加入者の資金などを預かる機関投資家にとって、その大切な資金を大きく減らすことは絶対に避けなければなりません。

そこで、投資の成果が「ほぼ確実」に見込める債券に、より多くの資金を投入するわけです。

債券は、あらかじめ金利や利払日といった条件を設定し、定期的に利息を支払うという約束事を決めたうえで発行されます。そのため、将来の利益がある程度予想できるのです。

しかも債券なら、**単価（債券価格）がどんなに変動しようと、償還日を迎えれば額面どおりの金額が受け取れます**。その点も、株式との大きな違いです。

株式は、買ったときよりも株価が大幅に下がると、元に戻らなくなることもありますが、債券はどれだけ単価が下がっても、最後は額面金額が支払われます。

逆に、**単価が額面金額を上回るなど、購入時よりも上昇すれば、償還日を待たずに売却し、キャピタルゲインを得ることもできる**のです。

このように発行体が破綻しない限り、「確実」な利息の受け取りや元本の返済が約束されていることが、債券の圧倒的な優位点だと言えます。

こうした債券の確実性は、これから投資を始めたいと思っている個人の方々にとっても非常に好ましいものではないでしょうか。

大切な資産を〝不測の事態〟で失ってしまうリスクを抑え、ある程度予想どおりに増やしていけると考えれば、債券は魅力的な金融商品の1つと言えます。

数ある債券のなかでも、投資初心者に最も適していると考えられるのが、米国債と米ドル建て社債です。

次のページからは、米国債の魅力について紹介します。

世界一の経済大国
アメリカが発行する
米国債で資産を堅実に増やす

そもそも米国債ってどんな金融商品なの？

世界中の国や企業が発行する債券のなかで、最も流通量の多いもの。それが米国債です。

米国債の発行残高は、２０２３年末時点で約23兆米ドル（約３４５０兆円）。日本のＧＤＰ（国内総生産）は２０２３年度が約５９６・５兆円ですから、圧倒的なスケールの大きさは、さすが世界一の経済大国だと言えます。

そのうえ米国債は、安全性の高さも折り紙付きです。

米国債の発行体格付けは、国際的な格付機関であるムーディーズが「Ａａａ」（トリプルＡ相当）、スタンダード＆プアーズは「ＡＡ＋」。いずれも、投資適格債のなかで上位に格付けされています。

米国以外で、最も米国債の保有額が多い国は、何を隠そう日本です。

米財務省が発表した統計によると、２０２３年12月時点の日本の米国債保有額は１兆１３８０億米ドル（約１７０兆円）。日本政府が外貨準備として保有しているほか、銀行や保険会社、年金機構などが資産運用目的で大量購入しています。

ちなみに、米国債保有額の世界2位（米国を除く）は中国で８１６３億米ドル（約１２２兆円）、3位は英国で７５３７億米ドル（約１１３兆円）です。

主要国の政府や金融機関、機関投資家がこれほど大量に保有しているということが、米国債の安全性の高さを証明していると言えます。

米国債と日本国債はどちらが安全？

もっとも、わたしたち日本人にとって最も馴染みのある国債と言えば、やはり日本国債です。

銀行や郵便局、証券会社などが「個人向け国債」（個人投資家向けの日本国債）を取り扱っているので、「買ったことがある」という方もいらっしゃるのではないかと思います。

では、「インフレを上回る」資産運用のための金融商品という観点で見ると、米国債と日本国債は、どちらが魅力的でしょうか？


まずは利回り。この点に関しては、間違いなく米国債に軍配が上がります。

米国債の利回りは、発行された時期や、短期債か長期債かによって異なりますが、おおむね年3～4％です。

これに対し、日本国債は、2年ものの短期債で年約0・40％、10年ものの長期債でも年約0・8％と、かなりの低水準です（2024年9月時点）。

日銀によるマイナス金利解除以降、日本の長期金利（10年もの国債金利）もじわりと上がり始めていますが、それでも米国債の金利水準にはまったく届きません。

今後も年2％前後のインフレが想定されることを考えると、物足りない金利水準だと言えます。

では、安全性についてはどうでしょうか？

日本国債の格付けは、ムーディーズが「A1」（シングルAの上位）、スタンダード&プアーズが「A＋」（同）です。

どちらも投資適格の格付けですが、米国債の「AA＋」に比べると、やや信用力が下がります。

つまり、安全性の面でも、日本国債より米国債のほうが魅力的だと言えそうです。

日本国債の格付けが米国債よりも低いのは、日本の財政状況に対する不安が大きいからです。

ご承知のように、急速な高齢化によって、国が負担する社会保障費の金額は年を追うごとに膨れ上がり、それに伴って「国の借金」（主に国債の発行残高）もどんどん積み上がっています。

その額は、2024年3月末時点で1297兆円。じつにGDPの約2・2倍にも上っているのです。

「国の借金」がGDPをこれほど大きく上回っている国はほかになく、日本は世界一の借金大国となっています。

借金を返済するには、税収を上げるしかありませんが、このところ増えているとはいえ、借金が膨らむペースに税収増が追い付いていないのが実情です。

これでは、日本国債の格付けが米国債よりも低くなるのも、致し方ないことだと言えそうです。

日本国民としては残念な気持ちですが、大事な資産を安全かつ着実に増やしていくためには、米国債のほうが適していると言わざるを得ません。

本当に米国債は安全だと言えるのか？

と、ここまで安全性について説明してきた米国債ですが、このところ、

「本当に安全なのか？」

という不安の声が、聞こえてくるようになりました。

不安の理由は、主に次の2つです。

①米国でも「国の借金」が増大している
②債務上限問題が頻繁に起こっている

これらの問題はSNSで広く拡散され、米国債を保有する個人投資家の方々の大きな関心事となっているようです。

果たして、米国債の利払いや元金返済に悪影響を及ぼす問題なのか？　わたしの見解をお伝えしておきます。

まず、①の「米国でも『国の借金』が増大している」という話ですが、これは明らかな事実です。とくに2020年にコロナ禍が発生して以降、米国政府は対策のため多額の財政出動を行ったので、借金は大きく膨らみました。

ただし、これは米国に限った話ではなく、コロナ禍以降は各国が同様の財政出動を行っています。問題は、その出費が財政にどれだけのインパクトを与えているのかということです。

先ほど、日本の「国の借金」がGDPの約2・2倍に上っているという話をしました。対する米国はどうかというと、コロナ禍で債務が増大したにもかかわらず、対

ＧＤＰ比では約1・2倍にとどまっています。これは、Ｇ７各国のなかでも突出して高い水準というわけではなく、米国債への影響はほとんどないと考えてよいと思います。

次に、②の「債務上限問題」です。

そもそも米国の国家予算に債務上限が設けられているのは、財政の規律を保つためなのですが、期限内にこの上限が議会で承認されないと、一時的に国債などでの資金調達ができなくなり、政府職員への給与払いや、発行済み国債の利払いなどに影響を及ぼす可能性があります。

直近では、２０２４年11月の米大統領選に向け、政治的駆け引きとして「債務上限を承認しない」などと野党議員の一部が揺さぶりをかけたことで、米国債の利払いが停止しかねないという不安を招きました。

しかし、あくまでも政治的な駆け引きなので、これによって米国がデフォルト（債務不履行）に追い込まれることは考えにくいと言えます。

いずれの問題も、米国債の安全性を脅かすほどのものではないと言えるでしょう。

また、最近SNSなどで、

「そもそも米ドルは安泰なのか？」

という懸念も広がっているようです。

コトの発端は、「サウジアラビアが石油輸出の決済を、米ドル以外の通貨で行おうとしている」という書き込みでした。

もし、本当にそんなことが行われれば、米ドルは世界の基軸通貨としての地位を失い、価値が下がってしまうのではないかと、まことしやかに囁かれるようになったのです。

しかし、サウジアラビア政府から正式な発表はありませんし、米ドル相場はいまのところビクともしていないので、あくまでも噂にすぎないと考えられます。

現在、世界各国が保有する外貨準備の50％以上は米ドルであり、基軸通貨としての米ドル信頼性は揺るぎないと言えます。

ですから、米ドルも、米ドル建て債券も、引き続き安心して保有していただけるのではないかと思います。

米国債にはどんな種類があるの？

債券には、利払い方法によって「利付債」と「ゼロクーポン債（割引債）」の2種類があるという話をしました。

米国債にも、この2つの種類があります。それぞれの特徴は次のとおりです。

米国利付国債

利払日は年2回。発行日から償還日まで、定期的（半年ごと）にクーポンが受け取れます。

額面金額が100米ドル、表面利率が年4％なら、半年ごとに2米ドル（100米ドル×2％）のクーポンが支払われる計算です（税引き前）。

米国ゼロクーポン国債

あらかじめ、額面金額から利息分が割り引かれた価格で取引され、償還時の償還金額が100%となる米国債です。

利付国債に比べて複利効果が高く、償還までの期間が長いほど割引率が大きくなります。

また、償還までの期間が同じであれば、利付国債よりも価格の変動が大きくなりやすいのもゼロクーポン国債の特徴です。そのため、価格が高くなったところで途中売却し、キャピタルゲインを得るという方法もあります。

米国債はいくらで買えるの？

米国債の最低購入単位は、取り扱っている証券会社によって異なります。

仮に額面が1万米ドル、取得単価（取得時の債券価格とも言います）が50米ドル、為替レートが1米ドル150円だとすると、購入金額は75万円となります（ゼロクーポン国債の場合）。

計算式は次のとおりです。

1万米ドル（額面）×50％（単価％）×150円＝75万円

米国債を積み立てで購入する2つのメリット

これから資産形成を始める若い人にぴったりの米国債投資

米国債は数週間から30年のものまで、さまざまな年限が存在します。わたしはそのなかでも、２０４５年償還、２０５０年償還など、できるだけ年限の長いものをお勧めしています。

もちろんお客さまのニーズにもよりますが、年限が長ければ長いほど、複利効果によって得られるリターンが増えること、さらには、価格変動幅が大きくなって、値上がり益を得るチャンスが広がることなどのメリットがあるからです。

そんな話をすると、主に60代以上の方から、

「2050年といえば25年後だ。それまで生きていられるかどうかわからない」

といった声をいただくことがあります。

まったく心配ありません。なぜなら、米国債は満期まで持つ必要がなく、売りたいときにいつでも売却できるからです。

償還年限の長い米国ゼロクーポン国債は短いものと比較して、価格変動幅が大きく、時間経過とともに単価（債券価格）が額面金額に近づくため、買ったときよりも値上がりするケースが珍しくありません。

「十分なキャピタルゲイン（売却益）が得られそうだ」と判断すれば、その時点で売ってしまうという方法もあるわけです。

とくに、あらかじめクーポン相当が割り引かれ、額面金額よりもかなり低めの単価で売買されることが多い米国ゼロクーポン国債は、価格変動率が米国利付国債よりも大きい傾向があるので、キャピタルゲインが取りやすいと言えます。

一方で、十分な手持ち資金を蓄えられていない若い世代や、お子さんの教育費、住宅ローンの返済等で一時的に余裕がない世代など、まとまった資金を一括で用意することが難しい方もいらっしゃるでしょう。

そのような方々も、時間を味方に付けて、コツコツと米国ゼロクーポン国債を購入できる手段として、FPL証券には**積立型のサービス**があります。

このサービスでは、最低1万円から積み立てが可能。あらかじめ、希望の積立額を設定すれば、毎月、その金額が銀行口座から引き落とされ、定額ずつ米国債を購入できます。

月々1万円からの投資であれば、資金にあまり余裕のない若い方でも、比較的手軽に始められるのではないでしょうか。

コツコツと積み立てて、ある程度まとまった金額になったら、より利回りの高い米ドル建て社債を購入する資金に充ててもよいでしょうし、大きな買い物や旅行を楽しむといった使い道もあるでしょう。

いずれにしても、これからの資産形成を目指される方が、その基礎を作り上げるのにぴったりな手段の1つではないでしょうか。

積み立てなら、ドルコスト平均法で購入単価を平準化

ところで、米国債を積み立てで購入するメリットには、少額ずつ米国ゼロクーポン国債が買えることのほかに、もう1つの大きなものがあります。

それは、

平均購入単価が平準化される

というメリットです。

債券の単価は日々変動しています。そのため、毎月一定金額ずつ購入しても、単価が低いときには購入できる量が増え、単価が高いときには購入できる量が少なくなるのです。

これを長期にわたって繰り返すと、平均購入単価は徐々に平準化され、売却時に得られるキャピタルゲインを大きくすることも可能になります。

このように、**つねに一定金額ずつ、同じ金融商品を定期的に購入することで、平均購入単価を平準化する方法を「ドルコスト平均法」と呼びます。**

毎月一定額ずつ米国ゼロクーポン国債を購入していくことで、資金効率だけでなく、ドルコスト平均法により運用効率を上げられる点も、米国債を積み立てで購入する大きな魅力の1つだと言えます。

以上、この章では、金融商品としての債券や米国債の魅力について紹介しました。

次の章では、米国債を保有して資産運用を行う方法について、より詳しく解説したいと思います。

【ドルコスト平均法の例】

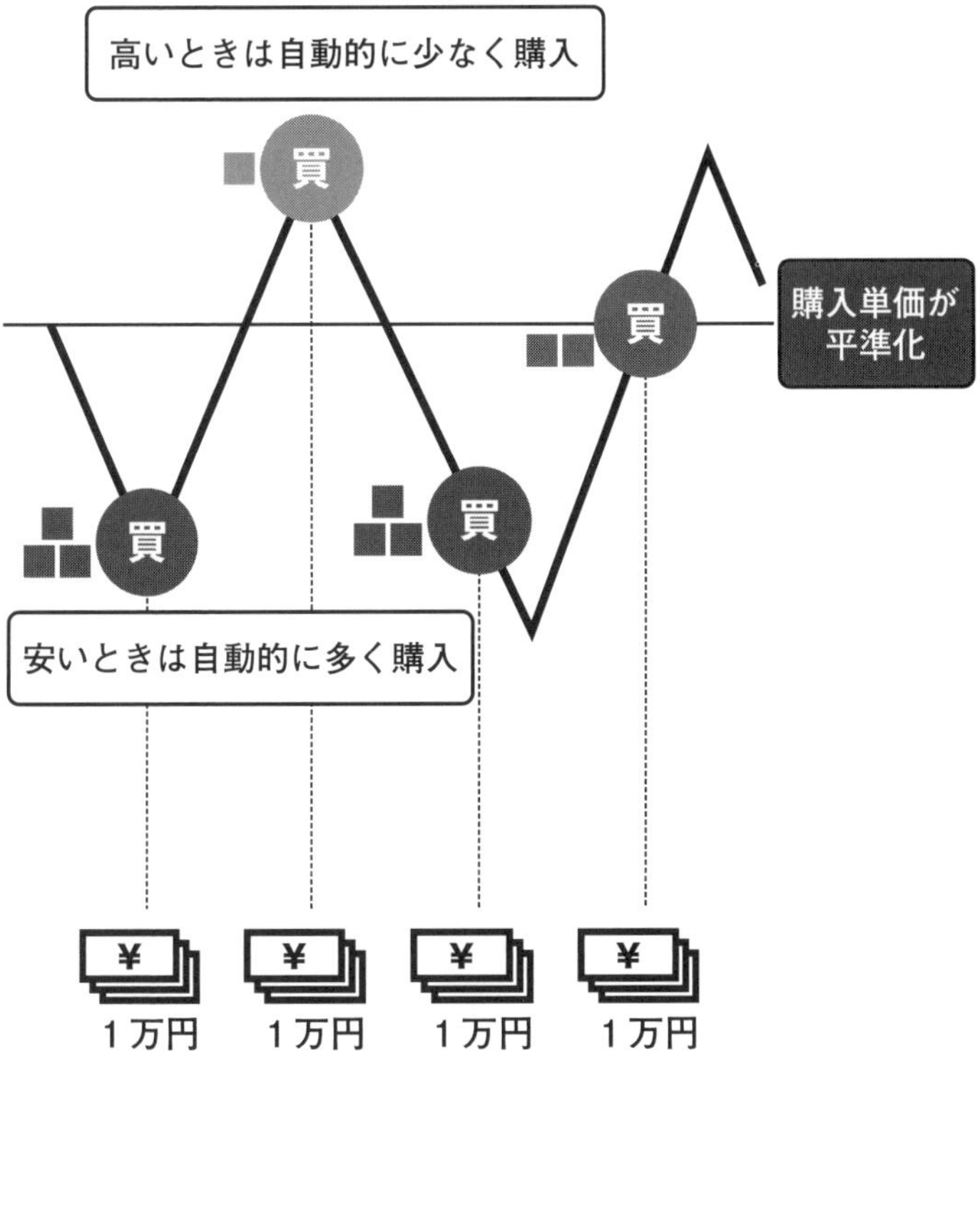
高いときは自動的に少なく購入
買
買
買
買
購入単価が平準化
安いときは自動的に多く購入
¥
¥
¥
¥
1万円
1万円
1万円
1万円

第4章

円安だけど
買っていいの?
米国債の
メリット・デメリットを
徹底検証

米国債は株暴落時のリスクヘッジになるって本当？気になるポイントを総点検

「インフレに負けない！」米国債投資、4つのメリット

前章では、米国債の魅力について詳しく説明しました。読者の皆さまのご理解を深めるために、ここで一度、米国債のメリットを整理しておきたいと思います。

ここまで繰り返し述べてきたように、米国債は「インフレに負けない」堅実な投資に適した金融商品だと言えます。

その理由は、以下の４つのメリットを備えているからです。

メリット① 将来得られる利益が「ほぼ確定」する（確実性）
メリット② 株に比べると値動きが落ち着いている（安定性）
メリット③ 預金よりも高い利回りが期待できる（収益性）
メリット④ いつでも買えて、いつでも売却できる（流動性）

まずは、①の「確実性」。米国債は、定期的に支払われる利息（クーポン）や、償還日（満期時）に払い戻される額面金額が、米国が破綻しない限り確実に受け取れることは、安心感を求める方にとって、非常に大きなメリットだと言えるでしょう。

②の「安定性」は、相場の動きにハラハラドキドキしたくない方にとって、願ってもないメリットだと思います。

株や債券などの金融商品に、値上がりや値下がりは付きものですが、債券の値動きは、株と比べると比較的落ち着いているので、大きく値下がりする心配はそれほどありません。

逆に、**値上がりする期待も株ほど大きくはありませんが、米国利付国債は決められ**

たインカム（利息収入）が定期的に受け取れるのですから、堅実な投資を志向する方なら十分だと言えそうです。

このように、株式投資ほどではないにせよ、多少のリスクを取るのが米国債投資です。価格変動リスクがない普通預金や定期預金に比べ、「収益性」が高い（メリット③）ことも大きな魅力でしょう。

さらに、いつでも売り注文を出して、3〜4営業日後には現金化できる「流動性」（メリット④）の高さも、米国債が世界中の多くの投資家に好まれている点だと言えます。

ここだけは要注意！米国債の3つのデメリットとは？

もちろん、投資商品である以上、米国債にもまったくリスクがないわけではありません。購入するにあたって、必ず覚えておいていただきたいのは、以下の3つのリスクです。

デメリット① 価格変動リスク

デメリット② 信用リスク（デフォルトリスク）
デメリット③ 為替変動リスク

1つずつ、詳しく見ていきましょう。

① 価格変動リスク

株に比べて、値動きが落ち着いているのが米国債の魅力だという話をしたばかりですが、米国債の単価は、主に米国の政策金利の変更によって動きます。

政策金利が上がれば、米国債の単価は下がり、政策金利が下がれば、米国債の単価は上がるのです。

たとえば、運用規模の大きな機関投資家がまとまった額の米国債を売却すると、単価（債券価格）も一時的に大きく下落することがあります。

いずれにしても、買ったときよりも単価が下がっている局面で売却した場合は、キャピタルロス（売却損）を被ることになります。

②信用リスク（デフォルトリスク）

発行体である米国政府が破綻して、デフォルト（債務不履行）に陥り、利息や償還金が支払われなくなってしまうリスクです。

「ＡＡ＋」（ダブルエープラス）の格付けを受けている米国が破綻する心配は、ほとんどないと思われますが、リスクが存在することは認識しておく必要があります。

③為替変動リスク

言うまでもなく、米国債は米ドル建てで発行され、米ドル建てで取引されています。そのため、為替相場が円安（米ドル高）に進めば、買ったときに比べて円換算した資産額が増える半面、円高（米ドル安）に振れると、資産額が減ってしまいます。

これが為替変動リスクです。

異なる通貨（円）で米ドル建ての金融商品を購入する以上、為替変動リスクを免れるのは不可能ですが、米国債はＦＸのように短期的な為替の変動で売買するには向かない商品です。今後、為替は長期的に円安トレンドが継続すると考えていますが、

【米国債のメリットとデメリット】

メリット	①確実性：将来得られる利益が「ほぼ確定」する ②安定性：株に比べると値動きが落ち着いている ③収益性：預金よりも高い利回りが期待できる ④流動性：いつでも買えて、いつでも売却できる
デメリット	①価格変動リスク：政策金利や市場の影響を受け、価格が下落する場合がある ②信用リスク（デフォルトリスク）：発行体である米国の破綻のリスクもゼロではない ③為替変動リスク：円高（米ドル安）になると円換算の資産額が減る

円高に振れたとしても、米国債で長期的に運用し、米ドルベースでしっかり増やすことができれば、かなりの円高水準までは、円ベースでの元本割れを克服することが可能なものもあります。

なお、2022年頃から急激な円安・米ドル高が進みましたが、2024年7月に1米ドル＝160円台でピークを打ち、その後、1米ドル＝140円台まで米ドルが急落しています（2024年9月時点）。

1米ドル＝160円台のときに米国債を購入された方のなかには、その後の米ドル安で大幅な為替差損を被っておられる方もいらっしゃると思いますが、第

3章でも解説したように、米国債は満期まで保有すると額面金額が償還されます。為替差損を補填できる可能性があるので、あわてて〝損切り（売却）〟などはしないほうが賢明かもしれません。

なぜ日本の証券会社は米国債を売りたがらないのか？

このように、米国債には相応のリスクがあるものの、堅実な資産運用を目指す方にとっては、理想的な金融商品だと言えます。

しかも米国債は、日本の証券会社も取り扱っているので、日本の個人投資家でもアクセスしやすい外貨建ての金融商品の1つです。

にもかかわらず、**日本の個人投資家が実際どれだけ米国債投資を行っているのかというと、「買ったことがない」とか、そもそも「米国債の存在すら知らなかった」という方が、かなりの割合いらっしゃる**ようです。

なぜ、このようなことが起こっているのでしょうか？

大きな理由の1つとして日本の証券会社の多くは米国債を「売りたい商品」には位置付けておらず、積極的に販売している証券会社が少ないからではないでしょうか。「売りたい商品」であれば、積極的な広告宣伝を繰り広げ、営業担当者も米国債の購入を強く勧めてくることでしょう。

ところが、お客さまから「米国債を購入したいんだけど」という問い合わせを受けたときにだけ説明を行うという、受け身の証券会社が多いようです。

一体なぜなのでしょうか。

それは米国債の商品性にヒントがあります。米国債は基本的には長期保有が前提。一度購入するとそのまま保有することが多いため、次に商品を購入する機会は数年後、十数年後、長いもので数十年後になります。しかし、たとえば株式であれば、短期で売買を行うケースも多く、結果その都度証券会社の手数料収入も膨らみます。そのため米国債のように短期的な売買に向かず〝息の長い〟保有を前提とする金融商品の提案は二の次になってしまう傾向があるようです。

個々の証券会社によっても事情は異なるでしょうが、わたしは株式を取り扱わず、取り扱う商品を本当にお勧めしたい商品に絞り込むことでコストを軽減し、頻繁な売買手数料に頼らず、お客さまの利益を最優先とする証券会社を目指してきました。

これからも**日本の皆さまが本当に必要としている金融商品をお届けしたい**と思っています。

それが米国債であり、この後、第5章で紹介する米ドル建て社債なのです。

米国債を買うなら
なるべく償還年限の長いものがお勧め

ひと口に米国債といっても、その償還年限はさまざまです。

２０２４年現在からみて、２０２６年満期、２０２７年満期といったように、償還年限が２〜３年後の短いものもあれば、２０４５年満期、２０５０年満期と、償還年限までの残存年数が20年以上に及ぶものもあります。

では、償還日までの残存年数が長い米国債（以下、長期米国債）と、短い米国債（以下、短期米国債）では、どちらが有利なのでしょうか？

まず、長期米国債のほうが、利付債であれば利息を受け取れる期間が長くなり、ゼロクーポン債であれば、額面金額よりもかなり安い単価で購入できるチャンスがあるというメリットがあります。

それに加え、**長期米国債は、短期米国債より「値上がり率が大きくなりやすい」**というメリットがある点も見逃せません。

そのため、２０４５年満期、２０５０年満期といった償還年限が長い米国債の購入をお勧めしたいと思います。

一般に債券は、償還までの年数が長くなればなるほど、単価の変動率が大きくなります。

つまり、利回りが同じだけ変動すると、短期債よりも長期債のほうが、大きく価格が変動することになるのです。

以下、わかりやすく説明しましょう。

10年後償還の米国債Aと、30年後償還の米国債B（いずれもゼロクーポン債）を比較してみます。

すでに述べたように、債券の単価と利回りは「シーソーの関係」にあります。一般的に米国の政策金利が1%下がれば、米国債の利回りも1%下がり、それに反比例して米国債の価格は上がるのです。

複利だと計算が複雑になるので、ここでは単利を用い、金利が下がったときに、10年ものの米国債Aと、30年ものの米国債Bで、どれだけ値上がり幅に違いが出るのかを計算してみました。

細かい計算式は省略し、計算結果だけを示します。

まず、利回りが年2%の場合、額面100米ドルの米国債A、米国債Bの単価は、それぞれ次のようになりました。

米国債A：約83・33米ドル
米国債B：約62・50米ドル

残存年数の長い米国債Bのほうが、短い米国債Aよりも単価がかなり低いことがわかりますね。

では、米国の政策金利が下がり、利回りが年1%になったら、それぞれの単価はどう変わるでしょうか？

米国債A：約90・91米ドル

米国債B：約76・96米ドル

利回りが年1％に下がった結果、米国債Aの単価は83・33米ドルから90・91米ドルに、米国債Bは62・50米ドルから76・96米ドルに上昇しました。

それぞれの上昇率は、米国債Aが9・1％、米国債Bが23・1％なので、米国債Bのほうが、より大きく値上がりしたことになります。

米国債Aの単価上昇率：約9・1％

米国債Bの単価上昇率：約23・1％

政策金利の変更が単価にもたらすインパクトは、長期米国債のほうが大きいことが、よくおわかりいただけたのではないでしょうか。

ちなみに、これは単利による計算ですが、複利計算をした場合、長期米国債の値上

【短期債と長期債の価格の変動比較】

	米国債A 10年後償還 ゼロクーポン債	米国債B 30年後償還 ゼロクーポン債
利回りが年2%の場合	約83.33米ドル	約62.50米ドル
利回りが年1%の場合	約90.91米ドル	約76.96米ドル
単価上昇率	約9.1%	約23.1%

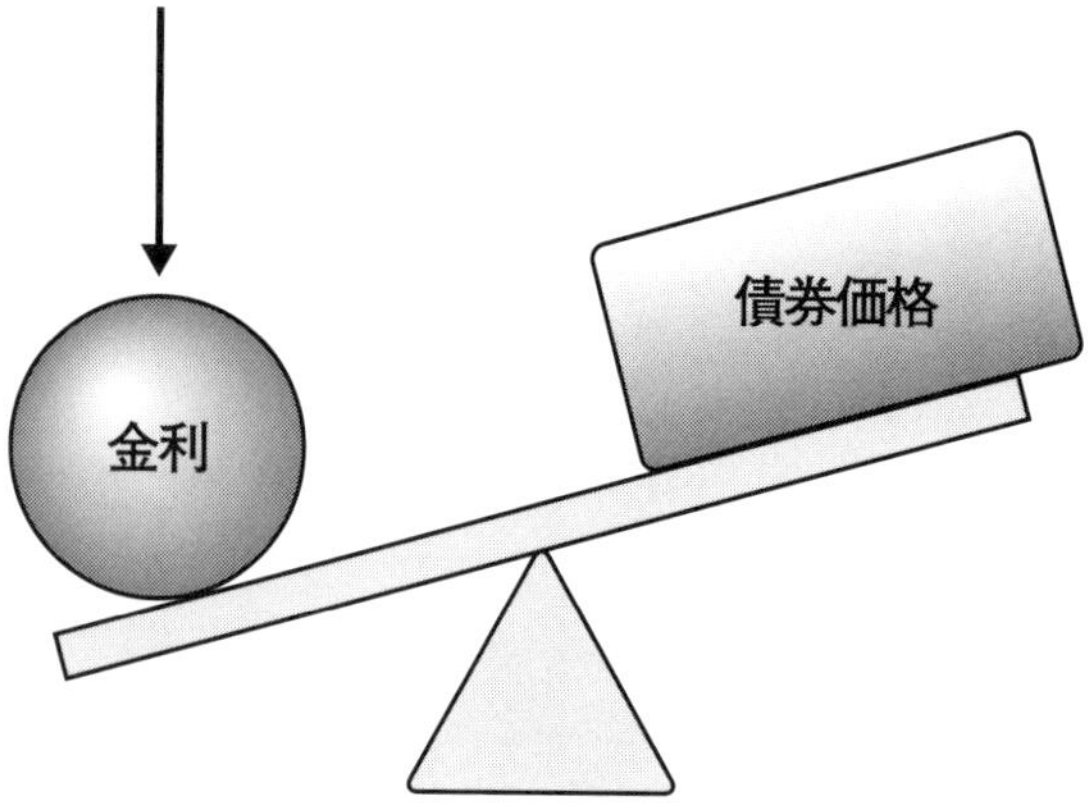

金利が下がると債券価格は上がる

がり幅はもっと大きくなります。つまり、実際のキャピタルゲインはさらに膨らむということです。

2024年9月現在、米国の政策金利を決定するFRB（連邦準備制度理事会、中央銀行に相当）は、1年以上続けてきた高金利政策を見直し、**利下げに転じました。**今後もさらなる利下げが予想されており、米国債投資を始めるなら、いまがチャンスかもしれません。

米国債を保有すると株暴落時のリスクヘッジになる？

FPL証券のお客さまには、株式投資のご経験がある方も大勢いらっしゃいます。そんなお客さまからの質問でとくに多いのは、

「米国債は、株が暴落した際にリスクヘッジの手段になるのか？」

というものです。

結論から申し上げると、「イエス」です。

過去20年余りを振り返ると、米国債は、2001年の米同時多発テロを発端とする米国株の暴落、2008年のリーマンショック、2020年のコロナショックなど、これまでに何度も起こった米国株暴落の局面で、必ずと言っていいほど価格を上げているのです。

なぜ、このような現象が起こるのでしょうか？

じつは、金利と債券価格の「シーソーの関係」が、ここでも大きな影響を及ぼすのです。

株式相場の暴落は、その後の景気悪化につながります。日本でも、リーマンショックの影響で経済が一気に縮小し、非正規雇用者の大量解雇につながったことは、いまでも記憶されている方が多いのではないでしょうか。

各国の中央銀行は、景気悪化を何とか食い止めようと、政策金利の引き下げを行います。もちろん、米国のＦＲＢも例外ではありません。

2020年2月のコロナショックの際にも、世界同時株安が発生して米国株が暴落すると、FRBは間髪入れず、政策金利を0・25％まで下げる事実上の「ゼロ金利政策」を発動しました。

政策金利が下がれば、「シーソーの関係」で債券価格は上がります。

そのため、米国株と米国債の両方を保有していた投資家は、株価暴落による資産価値の目減りを、債券価格の上昇である程度カバーすることができました。

このように、**米国株を持っている方は、米国債を保有することで米国株下落時のヘッジ効果が期待できそう**です。

米国株の暴落は、たちまち世界中の株式市場に波及するので、日本株を持っている方にも、リスクヘッジ手段として米国債を保有することは有効だと言えます。

投資の目的に合わせた米国債の選び方

すでに紹介したように、米国債には、利付国債とゼロクーポン国債の2種類があります。

どちらを選んだほうがよいのかは、投資の目的によって異なります。

結論からお伝えすると、

当面使う予定のないお金を大きく増やしたいのなら、米国ゼロクーポン国債。

公的年金などの老後の生活費プラスアルファとして定期的に利息収入を得たいのなら、米国利付国債。


と、シンプルに使い分けるのがよいのではないでしょうか。

そもそも「米国債を買う」とは、「米国政府にお金を貸す」ということ。貸したお金に対して利息が受け取れるという概念自体は、米国利付国債も、米国ゼロクーポン国債も変わりません。

違うのは、利息の受け取り方だけです。

米国利付国債は、年2回、利息が受け取れるのに対し、米国ゼロクーポン国債は、あらかじめ利息相当額が額面金額から割り引かれ、満期時に額面金額が償還される仕組みになっています。

つまり、利息をコツコツ受け取れるのが米国利付国債、最後にまとめて差益として受け取れるのが米国ゼロクーポン国債という違いがあるだけなのです。

したがって、**「利息を公的年金にプラスして生活費の足しにしたい」「利息を利用して年に2回は旅行に行きたい」「投資を実感として時々感じたい」という方は米国利付国債**を選んだほうがよいかもしれません。

これに対し、**「いまは仕事の収入があるので、利息を受け取るよりも、退職後に備えてお金を増やしたい」という方なら、米国ゼロクーポン国債**を購入するという選択肢もあるでしょう。

ただし、利息を受け取りながら保有する米国利付国債は、長期間の運用になればなるほど、米国ゼロクーポン国債に比べると、運用利回りは低くなります。

それでも、定期的に収入を確保していきたいと考える方にとって、米国利付国債は魅力的な金融商品だと言えるでしょう。

一方、米国ゼロクーポン国債は、最後まで保有すれば、まとまった利息を受け取れることのほかに、償還を待たずに買ったときよりも高い単価（債券価格）で売却しやすいというメリットもあります。

金利が動いたときの単価の変動率は、米国利付国債よりも米国ゼロクーポン国債のほうが大きいので、キャピタルゲインを得やすいのです。

以上のような種類ごとの特徴を理解したうえで、自分の目的に合った米国債を選ぶことをお勧めします。

米国債は、子どもや孫に相続・贈与できるの？

わたしは、全国の投資家の皆さまに資産運用のアドバイスを提供し、ニーズに応じた債券を提案しています。そのなかで最近増えているのが相続・贈与に関するお問い合わせです。

「保有している米国債を子どもに贈与したいけど、できるのか？」
「仮に贈与した場合、贈与税や相続税はどうなるのか？」

といったご相談をよくお受けします。

保有している米国債を、ご健在のうちにお子さんやお孫さんに贈与することは可能です。

その場合、贈与時の米国債の評価額に応じて納税額を申告し、贈与税を納めることになります。

具体的には、米国ゼロクーポン国債の場合、贈与が発生した時点の単価（債券価格）に額面と為替レートとを掛けたものから、源泉所得税相当額を控除したものを贈与時の評価額とするのが一般的なようです。

また、米国利付国債の場合は、保有期間に応じて計算される利息（源泉所得税相当額控除後）も加えて評価額とするのが一般的なようです（実際に贈与等をご検討の際には、税務署、税理士等の専門家にご相談ください）。

仮に額面が10万米ドル、単価が60米ドルの米国ゼロクーポン国債で、為替レートが1米ドル150円なら、左の計算式のように、評価額は900万円となります（源泉所得税相当額なしの場合）。

10万米ドル（額面）×60％（単価％）×150円＝900万円

この評価額から、贈与税の基礎控除額110万円を差し引き、税率を掛けたものが納税額です。

逆に言うと、**贈与した米国債の評価額が110万円を下回れば贈与税はかからない**わけですが、実際には、1000万円、2000万円といったまとまった金額の米国債を子どもや孫に譲渡したいという方も少なくありません。

そのような方は、相続時精算課税制度を利用するという方法もあります。これは、たとえば、早期にまとまった資金が必要になった子どもや孫に、2500万円までの資産を、贈与税を納めることなく贈与できる制度です。

18歳以上の子どもや孫に、60歳以上の父母、または祖父母が贈与する場合に限って利用できます。

ただし、これはあくまでも相続時までの納税猶予（先送り）であって、贈与した資産に対する税金がゼロになるわけではありません。

贈与した父母、または祖父母が亡くなり、相続が発生した際には、相続した財産の価額と、相続時精算課税制度を利用して贈与した財産の価額を合計した金額から相続税額を計算し、一括して相続税を納める必要があるのです。

ただし、この制度を利用すれば、父母や祖父母が亡くなったときにまとめて相続した場合と比べて、納める税金が安くなることもあります。

なぜなら、年数の経過とともに、米国債の単価が上がったり、為替レートが円安に振れたりする可能性があるからです。

どちらの場合も、相続した米国債の評価額は大きくなるので、より多くの税金を納めなければなりません。

これに対し、制度を利用して贈与した時点での評価額が低ければ、相続財産と合算しても、合計の評価額を圧縮することができます。

お子さんやお孫さんの納税負担を少しでも減らしたいとお考えなら、相続時精算課税制度の利用を検討してみてもよいのではないでしょうか。

なお、これは米国債に限った話ではありませんが、相続・贈与した有価証券を売却する際には、必ず、被相続人（父母、祖父母など）が購入した約定金額をベースとして売却益を計算しなければならない点には注意しましょう。

たとえば、父母や祖父母が米国債を買ったときの約定金額が775万円、子どもや孫が相続した（贈与された）時点の評価額が900万円、子どもや孫が売却したときの約定金額が1260万円だったとします。

この場合、子どもや孫は、1260万円の約定金額から、相続した（贈与された）時点の評価額900万円を差し引いて売却益を計算しがちですが、これは間違いです。

そもそも米国債を取得したのは父母や祖父母なので、その購入時の約定金額775万円をベースにして売却益を計算しなければなりません。

×　売却時の約定金額1260万円－相続・贈与評価額900万円
＝売却益360万円

○　売却時の約定金額1260万円－購入時の約定金額775万円
＝売却益485万円

売却益の計算を間違えると、申告漏れとみなされかねないので、くれぐれも注意してください。

また、先ほども述べたように、年間110万円までの贈与であれば、基礎控除の範囲内となります。

少しずつ資産を贈与したいとお考えなら、第3章で説明した米国債の積み立てを使うという方法もあります。

積み立てなら、月1万円から米国債を購入できるので、少額の資金で贈与が可能です。

繰り返しになりますが、実際に贈与等をご検討の際には、必ず事前に、税務署、税理士等の専門家にご相談ください。

米国の政策金利の見直しや為替相場の変動は米国債の購入代金にどう影響する？

単価が安いが、為替も安い米国債の買いどきはいつ？

米国債に限らず、金融商品は、なるべく安い価格で購入したほうが、大きな利益を得るチャンスが広がるものです。

米国では2022年以降、FRB（連邦準備制度理事会、中央銀行に相当）が政策金利を大幅に引き上げ、「シーソーの関係」によって、米国債の単価（債券価格）もこの2年余りで大幅に下落しました。

単価の水準だけで考えると、いまは米国債の絶好の「買いどき」だと言えるかもしれません。

ただし、わたしたち日本人が米国債を購入する場合、単価のほかにも考慮しなければならない大事な要素があります。

それは「為替」です。

どんなに米国債の単価が下がっても、購入時の為替相場が円安（米ドル高）であれば、より多くのお金を投入しなければなりません。

単価50米ドルの米国債を額面1万米ドル分購入する場合、1米ドル130円なら約定金額は65万円ですが、1米ドル150円のときに購入すると、約定金額は75万円に跳ね上がってしまうのです。

米国債の買いのタイミングを探るうえでは、単価だけでなく、為替相場の動きもしっかり見ておく必要があることがわかります。

２０２２年頃から円安・米ドル高が進行し、足元の円相場は一時は１米ドル１６０円台まで円が安くなりました。

この先も円安基調が続くと、「米国債は高くて手が出せなくなるんじゃないか」と心配する方もいらっしゃるかもしれません。

一方で、この先、円安から円高に転じた場合、高い購入代金で買った米国債の評価額がどんどん下がってしまうのではないかと心配する方も、少なくないのではないかと思います。

米国では、政策金利の大幅な引き上げの後、１年間続けてきた高金利政策が打ち止めとなり、利下げに転じました。米国債の単価もジリジリと上がってきています。

対する為替相場はというと、２０２４年9月現在、一時は1米ドル１６０円台まで進んだ大幅な円安も修正され、１米ドル１４０円前半となっています。

ＦＲＢの政策転換に加え日銀が２０２４年７月に政策金利を年０・25％程度に引き上げたことで、２年余り続いた円安の動きにブレーキが掛かったのです。

わたしは、長期的には円安基調が続くと見ていますが、これまでの大幅な円安からの反動で、一時的に円高が勢いづく可能性は否定できないと考えています。

これらを総合的に見ると、米国債の単価は今後上がる公算が大きいものの、為替相場も円高に振れるので、米国債の購入代金は上がるのか、下がるのかが読みにくい状況となっています。

いまが買いどきなのか、様子を見たほうがいいのか、判断が難しい局面に陥っているようです。

いろいろな見方があるとは思いますが、わたしは、単価が上がり始める前のいまこそが、米国債を買う絶好のタイミングではないかと思います。

とくに２０４５年や２０５０年に償還になる米国ゼロクーポン国債は円建て購入代金の推移を見る限り、**単価の変動が、為替の変動よりもインパクトが大きくなる傾**

向が強いからです。

仮にこの先、**円高が進んだとしても、単価上昇のインパクトにより、購入代金が下がるとは考えにくく、むしろ上がる可能性のほうが高い**と言えます。

まだ購入代金が安いと考えられるうちに、米国債投資を始めてみてはいかがでしょうか。

ちなみに米国債は、残存年数が長いほど為替変動リスク、つまり円高に対して強みを発揮します。

長期で保有すると利付債は得られる利息が多くなり、また、ゼロクーポン債の償還差益は残存年数が長いものほど大きくなります。保有する米ドルが多くなることで、円の投資元本を下回る米ドルの水準を低く抑える（円高）ことにつながるからです。

反対に、残存年数が短くなればなるほど、少しの円高でも円の投資元本を下回ってしまう可能性が高まります。

為替変動の影響による円の投資元本割れを防ぐためにも、２０４５年満期や２０５０年満期といった残存年数の長い米国債を保有するのは有効な手段です。

第5章

堅実な運用に弾みを付ける米ドル建て社債の魅力とは?

米国債よりもリスクを取る分利回りも高い米ドル建て社債

そもそも米ドル建て社債ってどんな金融商品？

前章までは、これから投資を始める皆さまにぜひ注目していただきたい米国債の魅力について紹介しました。

この章からは、もう1つの注目していただきたい商品、米ドル建て社債の魅力についてお話しします。

詳しくは後述しますが、米国債と併せて米ドル建て社債を保有することで、より効率のよい資産運用が可能となります。

なぜなら、社債は多くの場合、国債に比べると発行体の信用リスクが高い分、パフォーマンス（利回り）も高くなりやすいからです。

早速、その秘密について見ていきましょう。

そもそも米ドル建て社債とは、どんな金融商品でしょうか？

第3章で、債券には「公共債」と「社債」の2種類があるという話をしました。公共債のなかでも、国が発行するものが、米国債に代表される「国債」です。一方、社債とは、その名のとおり、民間企業が発行する債券のことです。

国が、公共事業や社会インフラ整備などのための資金を借りる目的で国債を発行するのと同じように、民間企業は設備投資や事業拡大などのための資金調達を目的として、社債を発行するのです。

社債は、世界中のさまざまな企業が発行しており、多種多様な投資家が購入しています。また、同じ会社でも、米ドル建て、ユーロ建て、円建てなど、複数の通貨建て社債を発行することがあります。

なかでも、**世界で最も流通量が多い通貨で発行されるのが、米ドル建て社債**です。米国の企業は言うまでもなく、**欧州や中南米、アジア、アフリカ、オセアニアなど、世界中のさまざまな国や地域の企業が米ドル建て社債を発行しています。**もちろん、**日本を代表するメガバンクや大手メーカーなども同様です。**

米国債と米ドル建て社債は何が違うのか？

米国債と米ドル建て社債の最大の違いは、発行体の信用力です。

どんなに大きくて、経営基盤、財務基盤がしっかりとした民間企業でも、事業を取り巻く環境の急変や、ディスラプター（破壊的競争相手）の台頭などによって競争力を失うと、経営が立ち行かなくなる可能性があります。

その結果、デフォルト（債務不履行）に陥るリスク、すなわち信用リスクは、一般的には世界一の経済大国である米国よりも民間企業のほうが高いと考えられます。

信用リスクが高い社債の金利は、そのリスクプレミアム（金融商品のリスクに対して支払われる対価）が上乗せされるので、国債の金利に比べて高くなりやすい傾向があります。

同じ償還年限の米国債と一般的な米ドル建て社債を比べると、後者のほうが年数%ほど金利が高くなるのは、そのためなのです。

つまり、米ドル建て社債は、米国債よりもリスクが高い分、相応にリターンも大きい金融商品だと言えます。

しかし、リスクが高いとは言っても、発行体格付けが「A」格以上であれば、デフォルトに陥る可能性は極めて低いと言えるのではないでしょうか。

そのため米ドル建て社債は、発行体格付けが「A」格以上のものを選択すべきであると考えています。

米ドル建て社債と株は何が違うのか？

企業の資金調達手段としては、社債のほかに、株を発行する方法もあります。

では、社債と株は、何が違うのでしょうか？

まず、株は、投資家から「出資」を募るために発行する有価証券です。株を買うというのは、その会社への出資者（株主）の1人になることなのです。

会社の「共同オーナー」の1人になったと言えば、イメージしやすいかもしれません。

オーナーは、出資金を株主総会で自ら承認した経営者に託し、経営者がビジネスを成功させれば、配当という形で利益の分配を受け取ることができます。さらに、経営者が会社の価値や評判を高めてくれれば、株価が上がり、キャピタルゲインも享受できることとなります。


一方で、経営者がビジネスに失敗し、会社が損失を被ってしまうと、託したお金が戻ってこなくなる可能性があります。配当が支払われなくなるどころか、会社が潰れてしまい、出資金そのものが戻ってこなくなるリスクもあるのです。

そこまではいかないとしても、会社の評判とともに株価が下がって、大きなキャピタルロスを被る恐れもあります。

つまり、株を買うというのは、オーナーとして会社や経営者と「運命を1つにする」ということであり、会社が損失を被った場合は、自らもその責任を負って出資分の損失を受け入れる必要があるのです。

これに対し、社債を買うというのは、その社債を発行する会社に「お金を貸す」ことなので、経営に対する責任を負う必要はありません。

「借りたお金は、期日までにきちんと返します。その間、年○%ずつ利息を支払います」という約束に従って、発行体からお金を支払ってもらうことになります。

株主は、出資したお金が戻ってこなくても、配当が支払われなくても文句は言えませんが、**社債を買った投資家は、発行体から約束どおり元金や利息を受け取る権利を持っているので、発行体が破綻しない限り約束されたリターンを得ることができます。**

これが、社債と株の大きな違いなのです。

一般に社債は、株と比べると価格変動率が小さく、買った価格の何倍にも上昇するということはありませんが、その分、リターンが得られなくなるリスクは株に比べるとはるかに低い。この点は、あまり投資経験のない方々にとって、大きな魅力だと言えるのではないでしょうか。

【社債と株の違い】

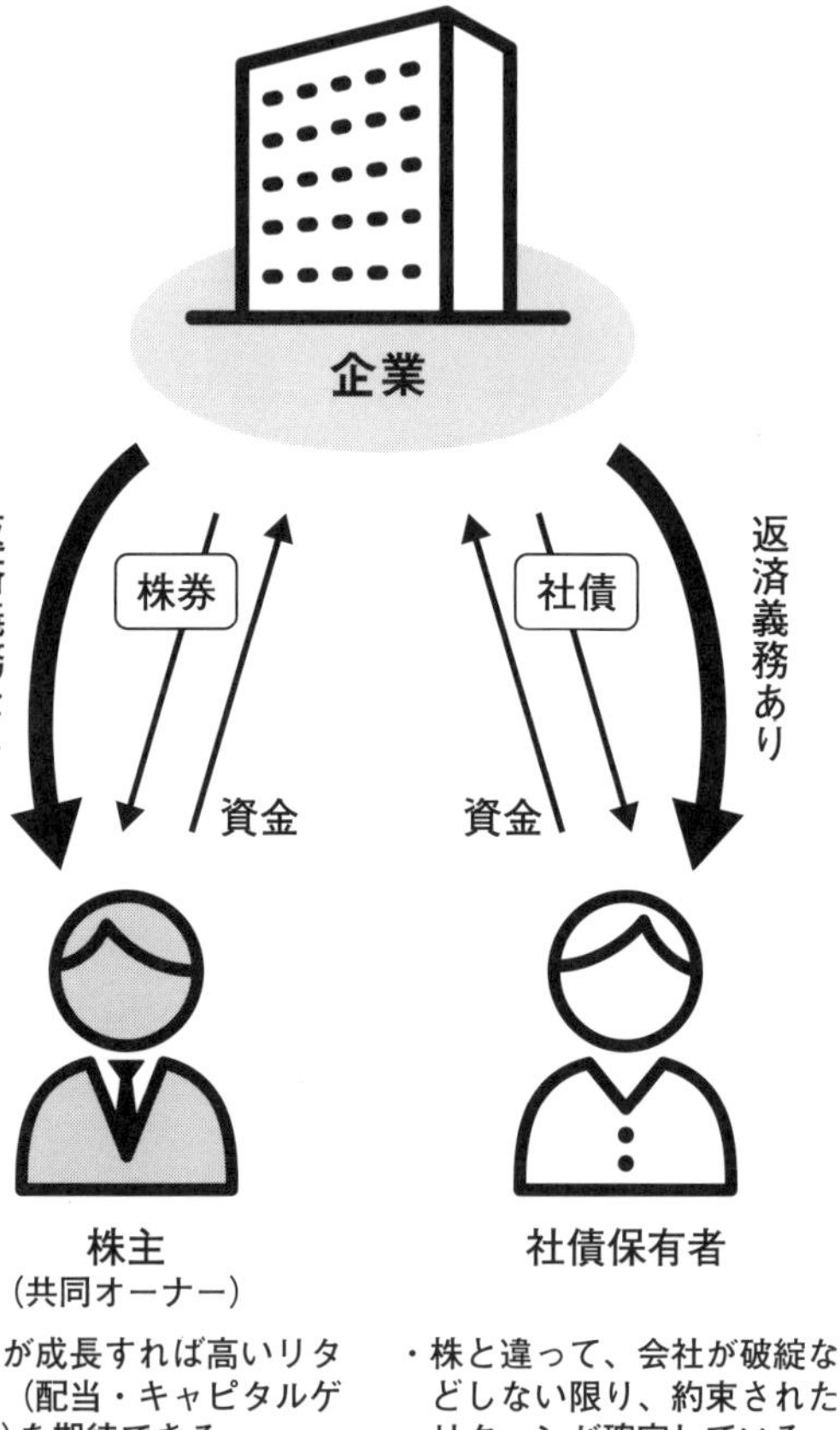

・会社が成長すれば高いリターン（配当・キャピタルゲイン）を期待できる。
・経営に対する責任があり、倒産したら出資金は戻ってこない。

・株と違って、会社が破綻などしない限り、約束されたリターンが確定している。
・経営に対する責任はなく、期限がきたら元本＋利息が償還される。

劣後債、永久劣後債ってどんな社債？

米ドル建て社債には、いくつかの種類があります。代表的なものは、次の3つです。

①普通社債（シニア債）
②期限付劣後債
③永久劣後債

以下、それぞれの特徴について解説しましょう。

①普通社債（シニア債）

名前のとおり、一般的な社債です。保有期間中は、あらかじめ決められた条件で利息（クーポン）が支払われ、償還日（満期）を迎えると額面どおりの金額が戻ってきます。

②期限付劣後債

劣後債とは、発行した金融機関や企業が破綻したときに、投資家への弁済順位が普通社債よりも劣る社債です。

弁済順位とは、破綻した発行体が保有する資産を現金化して投資家に返済する際の優先順位のこと。期限付劣後債を保有する投資家は、普通社債などへの返済が行われた後でなければ、利息や償還金を受け取ることができません。

場合によっては、返済の原資が尽き果て、利息や償還金の一部、またはそのすべてが受け取れなくなる可能性もあります。つまり、普通社債よりも、資産を目減りさせたり、失ったりするリスクが高いと言い換えることができます。

ただし、**リスクが高い分、劣後債の金利は、同じ発行体の普通社債よりも高く設定されるのが一般的です。**

③永久劣後債

一般に、債券には償還日（満期）が決められています。お金を借りるときに、「いつまでに返します」という返済期日を約束するのと同じことです。

しかし、劣後債のなかには、償還期限を決めずに発行されるものがあります。それが、永久劣後債です。

他の債券と同様に、あらかじめ決められた利息が定期的に支払われますが、「発行体に貸したお金（投資元本）がいつ返ってくるのか、わからない」という不確定要素が、リスクとして追加されることになります。

また、永久劣後債は普通社債、期限付劣後債よりも弁済順位が低いため、発行した企業がデフォルトしたときに、投資元本が戻ってこなくなるリスクがより高くなります。

そのため、**永久劣後債の金利は、期限付劣後債よりも高めに設定されます。**

一方、償還期限は決まっていないものの、永久劣後債には発行時に繰上償還条項（コール条項）が定められるのが一般的です。

これは、あらかじめ決められた繰上償還予定日に発行体の判断で償還するか、償還を先延ばし（スキップ）にするかを決めることができる条項です。繰上償還が行われると償還金として額面金額が支払われますが、スキップをすると、次の繰上償還予定日まで判断が先送りされることになります。

以前は、あらかじめ設定されたファーストコール（初回の繰上償還予定日）で償還されるのが一般的でした。

理由は後述しますが、最近では、ファーストコールを含め繰上償還が複数回にわたってスキップされることも珍しくはなくなっています。

永久劣後債を選択する場合、必ずしも繰上償還予定日に償還されるわけではなく、その判断はあくまでも発行体に全権限があることをよく理解することが大切です。「何年後かには使いたいけれど、そのときがくるまでは運用したい」というような資金での投資に永久劣後債を検討する場合は、「いつ返ってくるのか、わからない」という不確定要素を許容できるのか、より慎重に判断する必要があります。

米ドル建て社債は信用リスク以外の3つのリスクにも注意を！

米ドル建て社債は、一般的に米国債に比べて金利が高いというメリットがある半面、信用リスクも米国債より高いという話をしました。

ほかにも、米ドル建て社債に投資をするうえでは、**為替変動リスク、価格変動リスク、コールがスキップされるリスク**の3つのリスクについて、注意が必要です。

①為替変動リスク

米国債と同じく、米ドル建て社債にも為替変動リスクがあります。円安が進めば、支払われる利息や償還金、売却時のキャピタルゲイン（売却益）などの円評価額が増える可能性がある半面、円高が進むとそれらが減る可能性もあります。

②価格変動リスク

米国の政策金利の変動が単価（債券価格）に影響するのも、米国債と同じです。

とくに、劣後債は、株式相場の影響を受けて、価格が下落するリスクがある点にも注意しましょう。

第4章で、米国株の暴落時に、米国債はリスクヘッジの役割を果たしてきたという話をしました。米国株相場が大きく下がると、安全資産として米国債が買われ単価が上昇することが多く、そのキャピタルゲインで株の損失をある程度穴埋めすることが期待できるからです。

一方、劣後債は米国債とは逆で、米国株が暴落すると、一緒になって価格が下落することも多いのです。

直近では、2020年2月の「コロナショック」の際、米国株の代表的な指数であるニューヨークダウ平均が大暴落し、多くの米ドル建ての劣後債も大きく値を下げました。


なぜ、このような現象が起きたのでしょうか?

これは、これまでに説明した、債券の商品性によるリスクの違いが如実に表れた事象と言えます。


コロナショック時、株式が暴落し、リスクオフ（リスクを回避するため、リスクの高い資産から、より安全とされる資産に資金を移す動きのこと）となった市場では、安全資産といわれる米国債に資金が流れ込み、単価は上昇しました。

では、なぜ同じ「債券」である、劣後債の単価は下落したのか。

ここまで述べてきたように、劣後債は、発行体が破綻した場合、普通社債よりも弁済が後回しにされるリスクを抱えています。

劣後債のなかでも、さらに弁済順位が劣後する永久劣後債は、よりその傾向が強くなります。

つまり、劣後債、永久劣後債は債券のなかではよりリスクが高い商品性であることから、リスクオフの流れが強まった局面では、〝買いたい〟と考える人が極端に減ってしまい、逆に〝とりあえず売ってしまおう〟という人が増えるために、値段が大きく下がったと考えることができます。

こうした局面は、保有者にとって、具体的にどのようなリスクとなるのでしょうか。債券価格の急激な下落で、流動性が低下、つまり「思うような価格で売却ができない可能性が生じる」ということです。

ただ、ここで思い出していただきたいのは、債券には**「発行体が破綻しない限り、償還時には額面100％の価格で償還される」**という心強い約束がある点です。

保有中の債券価格の下落は、クーポン利率にも、債券の償還にも直接の影響はありません。

したがって、急いで売却をする必要のない保有者にとっては、債券価格の下落がただちに損失につながるものではないと言えます。

ただし、価格の下落が発行体の個別事象による原因の場合は別です。急激な市況の変化等を伴わない下落の場合は、発行体の業績の悪化など財務状況の変化が原因の場合も考えられるため、格付けの変更がないか、何か経営に支障となるような事象の発生はないか、などを確認することをお勧めします。

③コールがスキップされるリスク

先ほども述べたように、永久劣後債でも、繰上償還条項（コール条項）が定められている場合、ファーストコール（初回の繰上償還予定日）で償還されるケースが一般的であったのですが、ここ数年は、発行体がファーストコールを含め、繰上償還を複数回スキップするケースが増加してきています。

なぜ、スキップが増えているのでしょうか？

背景として考えられるのは、ここ数年続いてきたアメリカ政策金利の引き上げです。一般的に、発行体は既発の劣後債を償還させると、次の資金調達のために新たな劣後債を発行します。

とくに金融機関においては、劣後債は一部または全部を資本金に算入することが認められており、劣後債を発行することは、自己資本比率向上など金融機関に課せられるさまざまな規制をクリアし、財務の健全性を保つことにつながるため、その傾向が強いと言えます。

米国の約23年ぶりといわれる高金利が長期化したことで、既発債を繰上償還させ、新たな劣後債を発行した場合、既発債よりも金利を高くせざるを得ない状況であったと考えられます。つまりその場合、発行体は現状よりも多くの利息を支払うことになり、資金調達コストの上昇につながってしまいます。

そこで、既発の劣後債を繰上償還させず、現状のまま投資家から資金を借り続けることで、コストアップを抑えようという経営判断に至り、繰上償還をスキップしていったのだろうと想像ができます。

しかし、２０２４年9月に、ＦＲＢ（連邦準備制度理事会）は金融政策を緩和に転じ、今後さらなる利下げを実施することも予想されています。

金利の水準が下がり、発行体が新たな劣後債を既発債より低い金利で発行できるようになると、コールスキップの頻度は徐々に減少するものと考えられます。

発行体格付け「A」格以上、〝大きすぎて潰せない〟金融機関が発行する米ドル建て社債

ここまで、米ドル建て社債の魅力と、債券投資をするうえでの注意点などについて解説してきました。

米ドル建て社債は、米国債に比べてリスクは高くなるけれど、その分、利回りも高く、実りの大きな資産運用が実現できることをご理解いただけたのではないでしょうか。

ちなみに、普通社債、期限付劣後債、永久劣後債など、さまざまな米ドル建て社債から債券を選択する際に、細心の注意を払っていただきたいのが発行体の信用リスクです。

投資家の皆さまに安心して保有していただくため、発行体格付け「A」格以上の米ドル建て社債を選択すべきとの考えは、すでに述べたとおりです。

格付けが高く、財務状況がしっかりとした発行体であれば、破綻する可能性は極め

て低いと言えるでしょう。

たとえ永久劣後債であっても、そのような発行体であれば、利息の支払いや元本の弁済が受けられなくなるような確率はかなり低いとわたしは考えます。


もちろん投資に「絶対」はありませんが、日本の投資家の皆さまに、できる限り安心して保有していただけるような金融商品を知っていただきたい。

わたしはその一心で、破綻のリスクが極めて低いと思われる発行体の米ドル建て社債を厳選するようにしています。


具体的に選択しているのは、欧米の大手金融機関が発行するものがほとんどです。これは、金融業界が他の業界と比較して、時代の変遷に左右されにくい普遍的なビジネスであると考えているためです。

銀行や保険などの金融サービスは、人々の暮らしや経済を支える〝社会インフラ〟としての役割を担っており、その存在が消滅したり、ほかの何かに置き換えられることは想像し難いと言えます。

長い歴史と実績を持ち、厳格な規制の下で運営されているこれらの発行体の債券は、安心して選択できる銘柄であると考えています。

また、世界中の数ある金融機関のなかでも、主要国の金融当局が参加する金融安定理事会（FSB）が認定した「グローバルなシステム上重要な銀行」（G－SIBs）と、「グローバルなシステム上重要な保険会社」（G－SIIs、現在は選定中止中）が発行する米ドル建て社債を中心に選択しています。

破綻してしまうと、世界の金融システムに大きな悪影響を及ぼすと主要国が認めた銀行や保険会社は、厳しい資本規制をクリアすることが求められるため、発行体の格付けが高く維持されることが期待できるので、発行体の破綻の可能性はそれ以外の金融機関と比べ、より低いと考えています。

また、金融機関以外が発行する米ドル建て社債の場合には、食品や日用品のメーカーなど、ニーズの変化に左右されにくい業種の発行体を選択するようにしています。

いずれにせよ、

- **発行体の格付けが「A」格以上であり、債券格付けが「BBB」格以上の投資適格債であること**

- **安定した経営が可能な事業内容であると判断できること**
- **一定の流動性が確保できると判断できるものであること**

これらをクリアし、安心して長く保有していただけると判断した発行体の債券のみを、厳選すべきと考えています。

次の章では実際に、米国債・米ドル建て社債を購入して、「インフレに負けない」堅実な資産運用を行っている方のケーススタディーを紹介します。

投資の目的や、リスク許容度に応じて、どのような資産運用ができるのか？

読者の皆さまにも参考にしていただければと思います。

第 6 章

米国債・米ドル建て社債を使った資産運用のケーススタディー

年代別・プラン別 米国債・米ドル建て社債を使った資産運用の具体例

利息を円にして使う？ じっくり増やす？ 「お金の予定表」に沿って債券を選ぶ

この章では、米国債・米ドル建て社債を使った資産運用の具体的な事例について紹介します。

米ドル建て債券の種類や銘柄は、年齢や目的に合わせて選択することが大切です。定期的に得られる利息を円で受け取り生活費などとして使いたい方、利息は受け取らなくていいので、投資元本をじっくり増やしたい方など、希望はさまざまです。

この先の「お金の予定表」を頭に思い浮かべながら、ご自身のライフプラン、マネープランに沿った運用が叶う銘柄を選択されることをお勧めします。

まずは、年代別・プラン別に、米国債や米ドル建て社債を使った資産運用の具体例を見ていきましょう。

30代 Aさんのケース

家族の未来のための資産形成をしたい

- **運用予定額**　500万円
- **運用の動機**　現在幼稚園に通うお子さんの、将来の教育資金形成
夫婦の老後資金形成
- **プラン**　利息の受け取りは不要。投資元本をじっくり増やしたい
- **運用期間**　長期を想定

- **選んだ銘柄**　米国ゼロクーポン国債　2050年償還

米国ゼロクーポン国債は、利息の受け取りがない（ゼロ）分、利息相当額が割り引かれて販売されています。したがって、同じ残存年数の米国利付国債よりも少ない費用で同じ額面を買い付けることができ、高い複利効果が期待できます。

複利効果とは、利息が元本に加算され、その合計に対してさらに利息が生じることを指します。米国ゼロクーポン国債の場合は、割り引かれる利息相当額が複利計算され、償還までの期間が長いものほど割引率が高くなる、つまり単価が安くなります。

また、利付国債の受取利息を再投資する場合には、通常、税金が源泉徴収され、税引後の金額を再投資することになりますが、米国ゼロクーポン国債は利払いがない分、さらに複利効果が高くなります。

そのため、償還日まで保有した場合、同じ残存年数の米国利付国債よりも、より大きく増えるのが特徴です。

２０５０年、と聞くと長く感じますが、必ずしも償還日まで持ち続ける必要はなく、債券価格が買ったときよりも高くなれば、いつでも売却してキャピタルゲイン（売却益）を得ることができます。

Aさんご夫妻は、まだお子さんが小さいので、当面、教育にまつわる大きな出費はありません。また、少しでも利回りが高いほうが、効率よく資金を増やせるのではと期待され、利息を受け取るよりも、より大きく資金を増やせる可能性が高い米国ゼロクーポン国債を選ばれました。

ちなみに、Aさんご夫妻のように、**老後まで時間がある場合は、米国ゼロクーポン国債を少額から積み立てるという選択肢もあります。**

米国債積立なら、通常、まとまった額面（米ドル）単位で買い付ける米国債を「円貨指定額で、月1万円から1万円単位で」毎月買い付けていくことができます。

積み立ては、今現在はまとまった資金のない方でも、時間を味方に付けて、複利効果の高いゼロクーポン国債をじっくりと買い足していくことができるので、長期の資産形成にぴったりです。

単価が安いときには多く、高いときには少なく、定時定額で買い付けをすることにより、債券価格や為替の変動を平準化できる、いわゆるドルコスト平均法の恩恵を享受できることもメリットです。

余談ですが、まとまった資金での一括買い付けと併せて、積み立てを利用されているお客さまもたくさんいらっしゃいます。時間と複利効果を味方に付けた資産運用をご希望の方は、運用手段に米国債積立をプラスしてみることもご検討いただいてはいかがでしょうか。

じっくり資産形成をしたい30代に適した銘柄

米国ゼロクーポン国債　２０５０年償還、２０４５年償還、２０４０年償還

米国債積立など

40代
Bさんのケース

米ドル建て債券の利息を子どもの学費に生かしたい

・運用予定額　1000万円
・運用の動機　現在高校生と大学生の2人のお子さんの学費の足しにしたい
・プラン　クーポン（利息）の受け取りが必須。クーポン利率を重視
・運用期間　10年程度を想定
・選んだ銘柄　米国系大手保険会社の米ドル建て社債（期限付劣後債）

Bさんが選んだのは、米国の大手保険会社が発行する米ドル建て社債（期限付劣後債）です。第5章で永久劣後債の繰上償還条項について説明しましたが、この期限付劣後債にも繰上償還条項が付いており、年6％という高めのクーポンをファーストコールまでの約8年間、受け取れることが大きな魅力です。

たとえば、額面で1万米ドル分この債券を購入し、クーポン利率6％で計算すると、年間に支払われる利息は600米ドル。そこから20・315％の税金を差し引くと、実際に受け取れる金額は年間約478・11米ドルとなります。

仮に1米ドル150円だとすると、円貨で受け取れる金額は約7・1万円です。

Bさんのご予算の場合、この米ドル建て利付社債を額面6万米ドル分購入可能です。額面で6万米ドル分を保有した場合、税引き後で約2868・66米ドル、為替を150円で計算すると、年間約43万円の利息が受け取れることになります。

劣後債は、普通社債に比べて弁済順位が低いためリスクが高くなりますが、その分、高い金利が設定される（リスクプレミアム）債券です。

つまり、この劣後債に設定されている、年6％という高いクーポンは、劣後債の商品性に伴うリスクを取ることで、享受できるリターンであると考えることができます。

この債券も、発行体格付けは「A」（シングルエー）、債券格付けは投資適格の「BBB＋」（トリプルビープラス）であり、何よりBさんご自身も馴染みのある大手保険会社であることから、十分許容できるリスクだと判断されました。

わたしは、発行体格付け「A」格以上の債券であれば、「絶対に」とは言えないまでも、発行体が破綻するリスクは限りなく低いと考えています。

しかし、リスクの許容度や、何に不安を感じるかは人それぞれです。大切なのは、ご自身がリスクとリターンを照らし合わせたときに、「この内容であれば、保有したい」と思えるかどうかです。

少しでも不安な気持ちがある場合は、他の選択肢もご検討のうえ、ご自身の納得のいくものを選択することが大切です。

たとえば、劣後債の商品性に不安を感じるが、なるべく高いクーポンを受け取りたい、という場合は、年4%以上の高クーポンが付いている長期、あるいは超長期の米国利付国債を購入することをお勧めします。この場合、前述の米ドル建て社債と比較するとクーポン利率も利回りも下がりますが、米国債ならではのメリットもあります。

・米ドル建て債券のなかでもデフォルト（債務不履行）するリスクが低く、安心して保有できること

・全期間のクーポン利率が固定されていること
・「長期、高クーポン」の銘柄を選べば、長い期間、高いクーポンを安定して受け取れること

ちなみに、後述のポートフォリオ2でも説明しますが、高クーポン劣後債と、高クーポン米国債の組み合わせはご好評をいただいています。商品性分散、銘柄分散、期間分散に配慮しながらも、債券の魅力の1つである「クーポン」利率が高い銘柄を選ぶことで、安定感と効率のよさを併せ持った運用を実現することができます。

子どもの教育資金を利息で確保したい40代に適した銘柄

米国系保険会社の米ドル建て社債（期限付劣後債、クーポン利率6・000％）
米国利付国債　2033年償還（クーポン利率4・500％）
米国利付国債　2053年償還（クーポン利率4・125％）など

50代
Cさんの
ケース

子どもが就職し、ひと安心 老後資金づくりにラストスパートを掛けたい

- **運用予定額** 1000万円
- **運用の動機** お子さんが独り立ちしたので、夫婦の老後資金づくりに本腰を入れたい
- **プラン** クーポン（利息）の受け取りはあってもなくてもよい
- **運用期間** 5〜10年程度を想定

- **選んだ銘柄** 米国ゼロクーポン国債 2050年償還

現在お2人で現職のCさんご夫妻。クーポンはあってもなくてもよいのですが、効率よく、長くても年金の受け取りが始まる10年後までには一定の運用益が得られることを希望されていました。

クーポンは必ずしも使う必要はなく、たとえば米ドルのまま外貨MMF（主に外貨で

運用される短期金融商品）を買い付けて、必要なタイミングで一部を円貨にして使用する、あるいは、ＭＭＦがある程度の残高になったらその資金で別の米ドル建て債券を購入する、という運用もできます。

さまざまな選択肢のなかから、今回Ｃさんご夫妻は米国ゼロクーポン国債を選択されました。

その理由は

・大切な老後資金なので、リスクはなるべく低くしたい
・利息の受け取りは必須ではないので、受け取らないことで複利効果が生まれるのであれば、そのほうが効率的

という判断をされたためです。

米国ゼロクーポン国債は、Ａさんのケースでも紹介したとおり、利息の受け取りがない分、割り引かれて販売されています。

そのため、同じ残存年数の米国利付国債よりも少ない費用で同じ額面を買い付けることができます。

同じ資金で多くの数量を購入できるということは、償還（売却）した際に戻ってくる金額も多くなるということです。

また、債券価格は、上下しながらも償還に向けてゆるやかに上昇していきますが、償還までの期間が長くなればなるほど、価格の変動幅は大きく、値上がりのチャンスも膨らみます。

償還まで待てば額面１００％で戻ってきますが、償還日を迎える前でも、十分な利益が出たところで売却することもできます。

言うならば、〝償還時１００％〟という約束がありながらも、好きなタイミングで売却し利益を確定する選択肢もあるという、自由度の高い運用とも言えます。

たとえば、「購入時の倍の価格になったら売却しよう」と考えていたとします。想像よりも短い期間で倍の価格に到達すれば、その分効率よく運用できたということになり、逆に思っていたよりも時間がかかった場合でも、「最後は額面１００％になる」という約束があるので、どっしりと構えて気長に待つことができます。

退職後は給与所得がなくなるため、退職金をもとに、年金のプラスアルファとして利息が受け取れる米国利付国債か、米ドル建て社債の購入も有効となります。

将来のための資産形成をしたい50代に適した銘柄

米国ゼロクーポン国債　２０５０年償還、２０４５年償還、２０４０年償還

米国利付国債など

60代
Dさんのケース

年金の上乗せ分として安定したクーポン収入を確保したい

- **運用予定額**　1500万〜2000万円
- **運用の動機**　退職金を有効に運用したい。初めての投資
- **プラン**　クーポン（利息）を受け取り、年金の上乗せとしたい
- **運用期間**　20年程度を想定

⬅

- **選んだ銘柄**　米国利付国債　2053年償還（クーポン利率4・125％）

Dさんのご意向は、退職金を安全かつ有効に運用し、クーポンを受け取りたいというものでした。年金収入の足しにして活用したいので、クーポン利率はなるべく高いほうがうれしいけれど、最も重視したいのはリスクとのこと。

年金の上乗せを目的として債券を購入する際の銘柄選びのポイントとしては、

・安心して保有できる発行体、商品性であること

・長期間、固定のクーポン、つまり利息を受け取れること
　があげられるかと思います。

米国が発行する国債なら、今回が初めての投資経験となるＤさんでも安心して保有していただけます。また、年４％以上の利息が固定で長い期間受け取れる点も希望に合っています。

Ｄさんは13万米ドル保有されたので、年間受取クーポンは５３６２・５米ドル、そこから20・３１５％の税金を差し引くと、実際に受け取れる金額は年間約４２７３・１米ドルとなります。

仮に１米ドル１５０円だとすると、円貨で受け取れる金額は年間約64万円、月にならすと約５・３万円となります。

「クーポンが年金の足しになるし、自分に何かあったときは、子どもが相続することもできるので、安心です」とおっしゃっていたようです。

Dさんのように、退職金で初めて資産運用に踏み出されるお客さまも多くいらっしゃいます。投資未経験の方には、米ドル建て債券のなかでも安心して保有できる米国債で運用することをお勧めします。

米国債の保有で、債券運用の安定感、効果を知って、新たに社債を保有していただくケースも多く、債券運用の実践を積みながらステップアップしていただくにも、米国債は最適だと考えています。

投資経験があって金融商品に対するご理解の深いお客さまには、より多くの利息が受け取れる劣後債や、永久劣後債もお勧めです。

債券の商品性、クーポン利率、期間を吟味のうえ、ご自身に最適な銘柄を見つけていただけるようお手伝いします。

年金の足しとしてクーポンを受け取りたい60代に適した銘柄

米国利付国債各種

米ドル建て社債（普通社債、期限付劣後債、永久劣後債）など

米国債や米ドル建て社債を〝いいとこ取り〟で組み合わせた運用ポートフォリオの例

クーポンを受け取りつつ資産をじっくり増やせる方法もある

資産運用では、リスクを分散したり、収益のタイミングをずらしたりするために、複数の金融商品を組み合わせて運用するのが一般的です。

米国債・米ドル建て社債のなかから、複数の債券を組み合わせることで、それぞれの持ち味を生かした資産運用が可能となります。

たとえば、同じ米国債でも、利付国債とゼロクーポン国債を同時に保有すると、定期的に利息を受け取りつつ（利付国債）、複利効果でより大きな利回りを得る（ゼロクーポン国債）という〝いいとこ取り〟を追求することも可能です。

以下、複数の債券を組み合わせて運用するポートフォリオの例を紹介します。

ポートフォリオ 1 「米国利付国債＋米国ゼロクーポン国債」で利息とリターンを同時追求する

定期的に利息を受け取れる米国利付国債と、利息が支払われない代わりに、より大きなリターンが期待できる米国ゼロクーポン国債を組み合わせた、〝ハイブリッド〟な米国債運用ポートフォリオです。

米国債のみで運用することで、米ドル建て債券運用のなかでは最もリスクを抑えた、安心して保有できるポートフォリオと言えます。

組み合わせ例

米国利付国債（2053年償還・クーポン利率4・125％）

＋

ポートフォリオ
2
「米国利付国債＋米ドル建て社債」で高めのクーポン収入を得る

債券投資では一般的な円預金のように元本は保証されませんが、「とにかくリスクを抑えて運用したい」というのであれば、米国利付国債を選ぶことをお勧めします。

一方、**「多少リスクを取ってでも、受け取れる利息を増やしたい。でも全部社債にするのは不安」という場合、米国利付国債と、信用リスクが高い分、金利も高い米ドル建て社債を組み合わせるというポートフォリオも有効と考えます。**

米ドル建て社債には、普通社債のほか、より金利の高い期限付劣後債、さらに高い永久劣後債など、さまざまな種類があり、リスク許容度に合わせて選べます。

次の例の場合、米国利付国債の利息収入（年4・125％）が償還までの約29年間、期限付劣後債の利息収入（年6％）が、少なくともファーストコールまでの約8年間にわたって得られます。

組み合わせ例

米国利付国債（2053年償還・クーポン利率4・125％）

＋

外資系保険会社の期限付劣後債

（ファーストコール2032年6月・クーポン利率6・000％）

ポートフォリオ

3

「米ドル建て社債のみ」を購入し短期間で高いリターンを追求する

債券の単価が政策金利の見直しなどさまざまな要因によって日々変動するのは、すでに述べたとおりですが、発行体が破綻しない限り、償還日には額面金額で償還されることが約束されています。

つまり、額面金額よりも低い単価で債券を購入し、償還日まで持ち続ければ、利付債であれば利息（インカム）を得ながら、償還差益（キャピタルゲイン）を得られるのです。

たとえば短期の債券投資で高いリターンを追求したいのであれば、ファーストコール日を過ぎていて、単価が額面金額よりも低い永久劣後債を選ぶのも1つの選択肢と言えます。繰上償還の判定は年に数回予定されているものが多く、その判定は発行体が決定するため、次回の繰上償還予定日に償還される可能性はゼロとは言えないからです。

しかし、繰上償還予定日が数ヵ月後に迫っているにもかかわらず、単価が安いままとなっているものは、繰上償還がスキップされる可能性が高いと推測することもできます。そのため、余裕資金以外の資金で、短期間で償還されることを想定した投資は控えるべきです。

少なくとも数年間は利息を受け取りながら、繰上償還を待つ、という心構えが必要となります。

永久劣後債は、次の2点のどちらにも魅力を感じる方に、お勧めできる商品性だと言えます。

・保有してから短期間での償還の可能性もあり、短いほど運用効果がアップする
・コールスキップの延長があった場合には、クーポンを享受できる期間が続く

以上、米国債と米ドル建て社債や、米国利付国債と米国ゼロクーポン国債を組み合わせた債券ポートフォリオの例を紹介しました。

ご自身のニーズやリスク許容度に合わせた債券の銘柄選びに、お役立てください。

あとがき

本書を最後までお読みいただき、誠にありがとうございました。

いまから約20年前、スイスのプライベートバンクを視察したとき、1人でも多くの日本人に債券運用の素晴らしさをお伝えしたいと思い、証券会社を設立しました。

おかげさまで、「FPL証券を通して初めて債券運用を始めました」との声を多く聞かせていただくようになりました。


この本で解説した米国債や米ドル建て社債は、おそらく日本の皆さまにとって馴染みの薄い金融商品かもしれません。

そのことは、日本人が保有する個人金融資産のうち、債券の割合はわずか数%程度という事実が物語っています。

ましてや、米ドルとはいえ、外貨建て資産である米国債や米ドル建て社債の割合はコンマ数%程度といったところでしょう（対照的に、いまだに日本の皆さまが保有している金融資産の50%以上が、預貯金であることは本文でも述べたとおりです）。

そんな、極めて馴染みの薄い金融商品「米ドル建て債券」ですが、わたしが**米国債・米ドル建て社債の魅力を皆さまにお伝えしたいと思ったのは、株やＦＸといった他の金融商品に比べ、リスクを抑えながら、なおかつ「インフレを上回る」リターンが期待できる魅力的な商品だからです。**

限られたページ数では、なかなか魅力をお伝えし切れない部分もありましたが、読者の皆さまに、米国債・米ドル建て社債が、ご自身の資産を守り、着実に育てるために有効な金融商品であるということをご理解いただき、米ドル建て債券を身近に感じていただけますことを願っております。

ＦＰＬ証券では、米国債・米ドル建て社債の知識や、市況についての考察等に関する動画をYouTubeで配信しています。

ぜひ、こちらもご覧いただき、米国債・米ドル建て社債の魅力について深く理解していただけますと幸いです。

ＦＰＬ証券は、北海道から日本の皆さまの資産運用に貢献したいという思いで、金融商品の紹介や、運用のアドバイスなどを行っています。

これからも、米国債・米ドル建て社債をはじめ、皆さまが安心して保有できる金融商品を提供してまいりますので、ぜひご期待ください。

読者の皆さまが「インフレを上回る」資産運用を実現し、実りある人生を実現されることをお祈りしております。

２０２４年9月

中川　浩

［著者］
中川浩（なかがわ・ひろし）
FPL証券代表取締役会長
大学卒業後、NECグループ企業を経てソニー生命保険入社。医師、経営者を中心にコンサルティングセールスを展開。全国有数のトップセールスとして活躍。
その後、保険代理店、金融商品仲介業者を経て2016年、北海道で57年ぶりとなるFPL証券を設立。
スイス、プライベートバンクのポートフォリオ戦略に刺激を受け「預金以上株式未満」をテーマに債券運用の魅力を全国に発信。株式の取り扱いは一切せず、米国債、米ドル建て社債に特化した証券会社として注目される。
1963年、北海道札幌市出身。

資産防衛なら預金よりも米国債を買いなさい！
――インフレにも負けない最強の投資法

2024年12月３日　第１刷発行

著　者――中川浩
発行所――ダイヤモンド社
〒150-8409　東京都渋谷区神宮前6-12-17
https://www.diamond.co.jp/
電話／03･5778･7235（編集）　03･5778･7240（販売）

ブックデザイン―小口翔平＋畑中茜＋稲吉宏紀（tobufune）
本文DTP　―――安田浩也、野中賢（システムタンク）
校正――――――柳元順子
製作進行―――――ダイヤモンド・グラフィック社
印刷――――――三松堂
製本――――――ブックアート
編集協力―――――庄子錬、神野紗代子（エニーソウル）
編集担当―――――花岡則夫

ISBN 978-4-478-12098-9
落丁・乱丁本はお手数ですが小社営業局宛にお送りください。送料小社負担にてお取替えいたします。但し、古書店で購入されたものについてはお取替えできません。